辛德勇 [著]

上海文化出版社

谨以此书
纪念恩师黄永年先生百岁诞辰

授业恩师

010 黄永年先生教我读书买书
020 送别我的老师
026 在老师身边读书的日子

研究与贡献

038 黄永年先生与古文献研究
050 研治古代文史的必备入门书籍
　　——读黄永年先生著《古文献学四讲》
072 黄永年先生对中国古籍版本学的贡献
096 由杨守敬的《论语》跋文
　　谈到黄永年先生对古籍版本学的贡献
108 一个历史学家的藏书与读书

读恩师唐代史事考释

126 考史与释史是历史学研究的核心内容
　　——读业师黄永年先生《唐代史事考释》

159 **作者简介**

授业恩师

❝ 辛德勇,你是念书人。过去正经念书人的书架上,要是摆上这样的套印本,是很为人不齿的,所以你不要买这样的书。❞ 显而易见,先生购买收藏古籍,纯粹是念书人的路数……

黄永年先生教我读书买书

在上大学之前，我没有见到过几本中国古代文史书籍，除了因旧时村学通行而在市面上还广泛流通的《唐诗三百首》和《古文观止》，只翻阅过一本近人林大椿编纂的《唐五代词》，浏览过《史记》的大部分本纪和列传，也看过一两本《汉书》的人物列传。1977年考上大学，被从文科考生当中错招到理科念书。那时，不仅根本没有转系调换专业一说，学校甚至还满校园张贴告示，严禁像我这样缺乏"专业思想"的学生，私自偷听其他科系的课程。在这种情形下，虽然不甘心就范，也只能在课下自己跑到图书馆去读些想看的书，但既缺乏相应的预备知识，又没有老师指点，只能是顺手胡乱翻检，完全没有头绪。后来能够找到初入书山的路径，都仰赖业师黄永年先生的点拨教诲。

本科毕业后我去读硕士、博士学位，专业方向本来都是随从史念海先生，研治历史地理学。业师史念海先生是我国历史地理学科的创建人之一，学术泰斗，但面对像我这样懵然无知的门外汉，具体怎样来引入文史研究领域，史念海先生由于年事已高并且事务繁忙，顾不上对所有事情都一一指教；有些基础工作，是请黄永年先生来协助完成，阅读文史书籍，就是如此。

黄永年先生开设有目录学课程，学校里很多文史专业的研究生都来选修，教室里座无虚席。这里面有很多同学，基础比我要好，了解目录学对于文史研究的重要性，其中有一些人也了解黄永年先生在这一领域的精深造诣，我却只是按照导师史念海先生的强制性要求，惛惛然走入黄永年先生的课堂，在听课学习的过程中，才逐渐理解到学习这门知识的重要性。

根据文献的性质、史料来源、撰述旨趣和时代早晚等项特征，来掌握并区分辨析各种典籍的史料价值，是学习目录学知识的主要用途，这也是目录学课程所要讲述的核心内容。这些知识，说起来很重要，初学起来却十分乏味，若非遇有良师引导入门，很多人对此都是望而生厌，以终身无法得其要领。

在并世学者当中，我不知道是不是还有什么人在这方面具有比先生更为通博的学识，但至少很难有人会做到像先生那样，将这门看似枯燥不堪的学问，讲得如此妙趣横生，满堂溢彩。先生讲述目录学知识，能够吸引学生的地方，语言诙谐幽默，其实还只是表面原因。在大学的讲台上，从来也不缺乏语言生动的教员，能够讲成时下万众尊崇的明星学者，但随着学生水平的提高和见识的增长，其中颇有一些"名嘴"，很难持续获得学生的敬重，原因即在于缺乏足够的深度。假若仅仅是就书目而论书，目录学课程难免会被讲成余嘉锡先生痛加贬斥的所谓"书衣之学"。先生讲述这些内容，则有两项明显与此不同的特征，即一是重视将每一具体的文献，都置之于学术源流的背景当中，来阐述其内容和性质；二是注重揭示各种文献在某一具体历史研究领域当中的史料价值。这样来讲述目录学知识，想法本来很平常，并没有什么过人之处；难的是这样的做法，不是随便什么人想要做就都能够做到。

经、史、子、集四部典籍，包罗万象，清楚每一部书在学术源流中的位置，需要全面了解古代学术文化史，这已经很不容易做到；再要讲出这些典籍在当代各个文史学术领域内的史料价值，又需要普遍了解这些领域所要研究的对象和主要问题，包括有重要意义的前沿进展，其对讲授者学术视野和能力的考验，可想而知。黄永年先生讲授目录学，能够得到各个专业学生普遍持久的敬重，其中最重要的原因，就在于先生能够为我们提供这些从事专业研究所终身需要的基础知识，从而引领我们找到步入学术殿堂的正确途径。

在掌握相关的目录学基本知识之后，黄永年先生特别强调，一个人能否通过研读史料而从中发现有价值的问题，再通过分析相关史料来很好地解决问题，除了个人的天分之外，在很大程度上，是取决于每个人能否静下心来细心读书。先生文献学知识广博，熟悉各种史料，而且自己还收藏有很多稀见善本古书，分析问题时运用各类典籍得心应手，出神入化，却一贯主张，研究历史问题，要以读懂读好常见基本典籍为主，特别强调要花大力气读正史。在历史研究中重视从史料入手，首先是要重视悉心研读基本史料，而不是刻意找寻生僻新鲜乃至怪异离奇的史料；或是读书不分轻重主次，泛滥无所归依，这是先生在讲课中向我们传授的治学要诀。像历代正史这一类传世史料，虽然迭经披览，但仍蕴涵有取之不尽的历史信息，有待研究者识别利用。在这当中，有些史料价值，是随着研究者视角的变化而不断显现出来的；有些是随着相关研究的进展而被重新认识到的；还有很多，则主要是由于前人读书不够仔细而被埋没，或者被错误理解，但不管是哪一种情况，要想充分利用这些史料，一个最简单但也最为可靠的办法，就是仔细读书，尤其是留意那些容易被人忽略的细节。先生研治隋唐和北朝历史的重要创见，就大多都是这样细心读书的结果。先生曾经几次和我谈过，他之所以能够针对陈寅恪先生的学术观点提出许多不同看法，就是缘于在陈寅恪先生已有的研究基础上，更用心地细读两《唐书》等正史，以及《资治通鉴》和《册府元龟》这样一些基本史料。

黄永年先生治学强调从史料中发现问题，从细微的现象和具体的史实入手切入问题，同时也强调分析和论述历史问题，眼光一定要开阔，手段要尽可能丰富。先生要求学生系统学习目录学知识，其中一项重要目的，就是用以开阔研究视野，丰富研究手段，在这样一个侧面或者说是在基本点上，形成比较全面的研究素养。每一个人的研究，都会有所侧重，但先生主张，一个研究者，不管主要从事哪一领域的研究，不论是某一时期的断代史，还是某一部门的专门史，都要首先熟悉整个中国历史的基本史料，同时也都要尽可能全面了解所有各类文献，然后才是与每个人具体专业关系最为密切的"专业文献"。

通过跟随先生学习目录学课程，我对各类文献史料，逐渐有所了解；更为重要的是，正是遵循先生指教的这些读书路径，我才逐渐具备了起码的文史研究基础。虽然真正领会和掌握的目录学知识，直到现在，也还极为肤浅，却已经在尝试研究问题时，得到诸多收益。黄永年先生讲授的另外一门有关历史文献的基础课程，是古籍版本学。当年在学校上这门课，由于自己基础较差，为多拿出一些时间来学习目录学知识和历史地理专业知识，只听了两堂课，就私自溜走开了小差。真正向先生学习版本学知识，已经是调到北京工作、开始买旧书以后的事情。

孔夫子有言曰："知之者不如好之者，好之者不如乐之者。"如同目录学知识一样，黄永年先生的版本学知识，也完全出于自学。所不同的是，先生的目录学知识，是在读书的过程中逐渐获得的；而他自学版本学知识，除了阅读相关书籍之外，还有一条重要途径，这就是在旧书铺里购买旧本古籍。由于先生治学强调读常见书，购买古书，并不是为写文章寻求稀僻史料，只不过是作为一种文玩而已。然而，正是通过这种乐在其中的赏玩，先生才无师自通，掌握了丰富的古籍版本知识。同先生的这种经历多少有些相像，我能够在博士毕业工作后还提起兴趣跟从先生学习一些版本学知识，首先也是因为想买旧书的缘故。

先生买旧书，包括的门类范围虽然很宽泛，但在性质上都是侧重"正经正史"性的基本典籍,这正与先生读书的侧重点相吻合。由此可以看出,虽说先生宣称买旧书只是一种业余雅好,实际上还是寸步不离其治学的旨趣。其实也正是通过经常摩挲翻阅这些典籍,先生才对历史文献具备了大多数学人难以企及的广泛而又具体的认识。轮到我买旧书的时候,这类堂堂正正的基本典籍,在旧书店里已经很难遇到有特色的版本,但我还是遵从先生指教的路数,用比较低廉的价格,买到一些富有学术价值的重要典籍。譬如史可法《史忠正公集》的乾隆原刻本、陈澧《东塾读书记》的最早刻本,就都是以极为平常甚至可以说是非常便宜的价格,从旧书店中几乎无人过问的书堆里细心搜寻到手,并得到先生的嘉许。不过,由于这类书现在实在太过稀少,我买旧书,更多的还是在遵从先生将消遣与治学结合起来这一基本原则的基础上,首先去关注那些具有独特史料价值的文献。这一点虽然与先生购书的重点,略微有所不同,但我一直恪守师训,绝不以利用这些孤秘罕传的生僻文献,作为治学的重点而是注重在传世基本典籍的源流背景下来认识这些稀见文献的独特价值。

　　古刻旧本,由于传世稀少,其中有一部分书,很早就具有文物性质,而其文物性愈高,价格愈贵,学人也就愈难购藏。身为一介书生,黄永年先生向我传授他的切身体会说,买旧书千万不要与人争强斗胜,花大价钱买旧书,并没有太大意思;寻觅旧书很大一个乐趣,就是在常人不注意的书籍当中,发现有价值的好书。清人学术著作,过去不受古董家注意，常人也很难认识其价值，价格相对比较低廉，因而成为黄永年先生藏书当中颇有特色的一项内容。先生对清代学术之熟悉，如数家珍，在研究中引证清人的研究成果，可以信手拈来，毫不花费力气，我想和他这方面丰富的收藏，应当有很密切的关系。我自己也正是在如法行事购买一些清人学术著作的过程中，逐渐加深了对这些内容的了解和认识，对我研究学术问题，给予很大帮助。

按照我的理解，黄永年先生虽然说买旧书主要是出于赏玩的目的，但这种赏玩是以他丰富的目录学知识作为前提条件的，即这种赏玩更多的是着眼于特定学术内容书籍的版刻，相对来说，多数藏书家首先看重的版刻形式，在先生这里应居于稍次要一些的层次。譬如先生基本不收藏明代的朱墨套印本，就是由于这类书大多内容太过平常而且校勘质量往往比较低下。我开始买旧书的时候，北京书肆上这类明末朱墨套印本，价钱还不算很贵，我还能够对付着买上一两部。有一次在旧书店里陪侍先生买书，我指着一部凌家或是闵家的朱墨套印本询问先生说，这书刻得很漂亮，我是不是可以买一部留下把玩？先生断然批评说："辛德勇，你是念书人。过去正经念书人的书架上，要是摆上这样的套印本，是很为人不齿的，所以你不要买这样的书。"显而易见，先生购买收藏古籍，纯粹是念书人的路数，他是赏玩念书人关注的书籍。屈指数算，我在北京逛旧书店买古书，也有十五个年头了，至今箧中仍未存有一部朱墨套印本书籍（套印历史地图除外），就是因为在老老实实地依循着黄永年先生走过的轨辙。

先生从年纪很轻时就开始买旧书，直到去世前几个月，还委托友人杨成凯先生，在北京代买过一部书籍，但他多年来一直是精挑细选，只撷取很少一小部分精品，从未放手滥收，因此，藏书的数量，并不算很多。但是，在常年徜徉于旧书店中挑选书籍的过程当中，经手经眼无数古籍，这必定会大大丰富先生的文献学知识。所以，虽说先生买旧书的直接动机是出自赏玩，但先生的古代文献目录学和古籍版本学研究成就，在很大程度上，也正是建立在这种自娱自乐性学人消遣的基础之上。在先生的指点下买旧书，使我对此深有感触。其实，从本质上来讲，不仅是研治版本目录之学，黄永年先生读所有的书，做所有的研究，首先都是出自他求知好奇的性情。有真性情，也才能做好真学问。

2007年3月1日　记
原刊《书品》2007年第2期

史忠正公集卷二

曾孫山清敬輯
元孫開純恭校
　　友慶

書

復攝政睿親王書

南中向接好音法隨遣使問訊吳大將軍未敢遽通左右非委隆誼於草莽也誠以大夫無私交春秋之義今佺偲之際忽捧琬琰之章真不啻從天而降也循讀再三殷殷至意若以逆賊尚稽天討煩貴國憂法且感且愧懼左右不察謂南中臣民媮安江左竟忘君父之怨

東塾讀書記卷

番禺陳澧撰

三國

王肅為尚書詩論語三禮左氏解及撰定父朗所作易傳皆列於學官其所論駮朝廷典制郊祀宗廟喪紀輕重几百餘篇又集聖證論以譏短鄭康成其偽作孔子家語自為序云鄭氏學行五十載矣義理几有小失皆在聖證論知幾云王肅注書好發鄭短几有小失皆是以奪而易之劉知幾云王肅注書好發鄭短可見其不遺餘力矣肅為魏世臣而黨於司馬氏以傾魏祚鄭短可見其不遺餘力矣肅為魏世臣而黨於司馬氏以傾魏祚身死之後其外孫司馬炎篡魏事事尊王景侯竟遂其

又見唐會要卷七十七孝經注議見文
序正義采其語而沒其姓名
此王肅語見禮案魏之典制多因於漢鄭君注
禮亦多用漢制王肅幼為鄭學周禮嫉氏疏
之實欲幷奪漢魏典制而易之使經義朝章皆出於己也小失
皆發鄭短可見其不遺餘力矣肅為魏世臣而黨於司馬氏以

送别我的老师

老师黄永年先生要走，我有心理准备。去年夏天以后，先生已基本不再打电话来；往西安打电话去请益，先生也不再像以往那样长时间侃侃漫谈，只是静静地听我说话，就连我为博取老人家一粲，特意讲到的一些胡说八道的放肆话，先生也不再像往常那样开心哂笑。在内心深处，开始隐约感到一种伤痛，感到先生在向一个高远缥缈的地方慢慢离去。从二十四年前入门拜谒先生时起，我第一次清楚感知，有一种不可抗拒的力量，竟会拉开我和先生之间的距离。

这样和先生通过两次话后，不由得回想起 1992 年我刚到北京工作不久，一次先生来北京讲学，我去看望先生，长时间畅谈过后，当我辞行时，先生突然有些伤感地说，你到北京来，以后想在一起说说话也不方便了。到了秋天，我想一定要去西安看望先生，和先生一起说说话。正好陕西师范大学和美国哈佛大学、哥伦比亚大学联合举办一个关于中国古代城市文化的学术会议，邀我参加，便在 11 月初，回到母校。行前在北京感受到的那种内心的伤痛，见到先生后变得愈为深重。在两天的学术会议期间，有两个半天，我都是在先生的书斋里，和先生闲谈，并尽量讲一些轻松的话题，甚至还一如既往地插科打诨，讨先生欢喜，而心中却是从未有过的凝重。伤痛首先来自先生消瘦的脸庞，和变得矮小的身躯，感觉先生往昔充沛旺盛的精力仿佛已经耗散殆尽，人已经变得很轻，很轻，好像已经完成了为升遐而去所做的蜕变。谈话还是像当年随从先生在校读书时一样，海阔天空，漫无边际，连续两个下午，谈了很多很多。

谈话中感受到最大的伤痛，是清楚知晓先生的精魄正在升扬，在学术上，已经顾不上再对我加以点拨教诲了。近两年来，和先生通电话，汇报自己对一些学术问题的想法，请教先生这些想法是否得当，先生总是催促我说，做学术研究，人一生具有相应的积累而状态又好的时候，只有很短一小段时间，要趁精力好、状态好，抓紧时间，把这些想法写成文章。去年一年内，我写了两篇涉及比较重要学术问题的文章，一篇是关于明代所谓铜活字印本书籍的问题，一篇是关于汉代的州制问题。关于所谓明铜活字本问题，我提出通常所说的明代铜活字印本，缺乏可靠依据，恐怕不能成立。去年春天的时候，在电话里向先生汇报过这一基本设想和主要论据，先生鼓励我说，你讲得很有道理，可以写出来。关于汉代州制，我提出顾颉刚先生当年撰著的《两汉州制考》一文，虽然早已被学术界视作定论，但是其基本视角，很有可能存在着严重的歧误，变换视角，或许可以得出全新的认识。前年夏天，我对这一问题的思考，就已经基本成熟，曾打电话向先生请教，先生说，这是你的专业，这样在电话里讲不清楚，你可以先大胆写，当年顾颉刚先生就最喜欢学生辈的人提不同意见，等成文后再拿给我看。这次来见先生，本来想向先生仔细汇报这两篇文章的具体内容，请先生指教，却完全想不到，刚刚谈了没有几句话，先生即用很低沉的声音说道："辛德勇，我的脑子不行了，你说的这些，我听起来太吃力，都听不懂了。你自己考虑成熟，就赶快发表吧。要赶快写文章，人一生做不了多少事。"好在谈起往事，先生依然思维清晰，话锋犀利。

先生非常喜欢猫，就在我去看望先生之前几个月，两只豢养多年的猫，都因高龄故去，其中最钟爱的一只猫，在先生身边已经将近二十年了。谈话中，先生很伤感地告诉我："两只猫都没有了。"说这句话的同时，眼中情不自禁地闪出了泪花，透露着深沉的哀伤。先生性格刚毅，过去从未见这样流露情感；因为不愿意让我看到这样的表情，先生很快转过头去，沉默了很长时间。此情此景，使得那种刺在我内心的伤痛，不由得又加深增重一层。我不喜欢猫，不知道先生究竟为什么那样喜欢猫。这可能很简单，只是一只宠物而已；也可能寓有先生很多情感，甚至带着内心深处最隐秘的寄托。不过，仅仅就表象而言，在先生和猫之间，确是能够找到一些相通的品格特征。猫是一种高傲的动物，先生一生高傲自重，像猫一样睥睨学术界那些宵小之徒；猫是一种整洁的动物，先生一生衣着庄重整洁，书斋雅致整洁，书籍整洁如新，就连动笔写文章的时候，桌面上也从来都是整整齐齐，一切井然有序。这在学者中间，恐怕是很少见的。先生喜欢古本旧书，但旧书往往不尽清洁，到北京、上海等有旧书可买的地方出差时，行囊中都要带一把猪鬃刷子，在书店里买到喜欢的线装古籍，首先盼咐我或是身边的其他学生，到房间外面，用刷子仔细刷去书函、书衣、书口上的尘土，然后仔细平整摆放到书桌上，他才端坐下来欣赏。先生手很精巧,遇到古书有卷角、书口开裂、书衣破损、缝线松断这一类不太严重的毛病,都要自己动手,精心修补整齐,然后才能藏入书箱。人首先要有尊贵的灵魂,才能够有真正体面的仪表举止。先生的高傲与整洁,正互为表里。

我劝先生一定要去检查一下身体,平时多休养,精神好时,可以随手写一些题跋、随笔,或是找人来口述回忆录。先生则告诉我说,这一辈子想写的东西,都已经写出来了,自己心满意足,不想再写什么了。谈这话时,先生的表情告诉我,他仿佛已经意识到,正在走向自己的归宿。关于这个必然的归宿,先生过去常和我提起。我很懦弱,从少年时起,对死亡即有一种强烈的恐惧;先生则不然,曾反复告诫我说,此乃事之常理,自然规律,惧之何益?近年来,学术界对先生的学术造诣和成就,给予了更为广泛的关注和更高的赞誉。先生的著述,绝大多数都已经出版,有的书还很快再版重印;有几种没有出版的书稿,也都已经确定出版社,等待印行。这些都给先生很大慰藉。对一生的学术追求,近年来先生已经讲过多次,自信已经画上了完满的句号,不会再有什么值得惆怅。前几年没有做"博士导师"就退休,先生也只是淡然一笑,说现在"博导"这么多,又不缺我一个。这样的事更不值一提。先生坦然走向生命的终点。

第二天谈话结束,离开先生家里时,我想到了,这很可能就是我和先生的诀别。先生坦然地走了。留在身后的这个世界,对于先生来说,早已变得越来越陌生,越来越隔膜。先生似乎本应属于一个比他略早一些的时代。告别先生,也是在告别这个时代。

    2007年1月22日 记
    原刊《陕西师大校报》2007年1月30日第6版

黄永年先生指导作者读书

在老师身边读书的日子里

业师黄永年先生故去十多天来,哀思无日不萦绕于胸间。悲痛的心绪,时常把我带回到过去,回到在老师身边读书的日子里。

1982年初,我在大学本科毕业后,考入陕西师范大学历史系,在史念海先生的指导下,读历史地理学硕士学位。第一次和两位师兄去导师家里拜谒,就在史念海先生家的客厅里,见到了黄永年先生。这一年黄永年先生招收了两位唐史专业的研究生,在名义上,并不是我的导师,但这一天我们入门拜师,史念海先生特地请黄永年先生一道坐在那里,接受我们的礼拜,分明是让我们执入室弟子之礼向黄永年先生求教。事隔多年之后,有一次我很谨慎地和先生说:"我只能算作是您的私淑弟子,不敢盗用您学生的名义,出去招摇撞骗。"先生立即正色回答说:"你就是我的学生。"话讲得理直气壮,除了多年来一直对我耳提面命加以教诲之外,我想先生也是把这次最初的见面,看作是我对他所行的入门拜师之礼。

我本科念的是地理系,虽然考上了历史地理学的研究生,但对历史学界的情况,了解非常有限,当时并不清楚座上这位神色庄重的老师,到底是怎样一位人物。不过,史念海先生对我们学习所提出的两点明确要求,都与黄永年先生有关:一是告诫我们读书要努力打好基础,为此,首先要认真听好"永年先生"开设的所有课程,特别是学好目录学知识;二是告诫我们读书要肯下苦功夫,而用功与否的具体检验标准,便是"永年先生每天读书花多长时间,你们就要读多长时间"。读研究生要花苦功夫，对此我有心理准备，听到这些要求，并没有特别在意，只是觉得这岂不是让黄先生来引导我们入门读书，这位老师一定非同小可。随后在黄永年先生带我们几位同学去熟悉图书馆的过程中，则使我对这两点要求，充满了惶恐和敬畏。

路上经过放映电影的露天场地，我好奇地自言自语说："哦，怎么会是这样看电影？"先生听到后，皱了皱眉，有些不耐烦地说："管它干什么，反正我从来不看电影。"业精于勤，荒于嬉，史念海先生刚刚要求我们要勤奋读书，我却首先关注起怎样看电影，话刚一出口，就有几分自责，可是听到黄永年先生说他从来不看电影，还是让我大吃一惊，我以为这是对我的间接训斥。随后经过浴池，我想洗澡总是人所必为的事情，这不会犯什么忌讳，便又自语道："原来是在这里洗澡。"孰不料先生同样皱着眉头说："管它干什么，反正我从来不洗澡。"说罢，带着我们直奔图书馆而去。在我看来，从来不看电影，差不多意味着没有任何消遣和娱乐；从不洗澡，则更为不可思议，这意味着对饮食起居完全不管不顾，只是一味读书写文章。怪不得先生给我们介绍如何利用图书馆时，讲得是那样明了，原来他的生活只是看书。心里想，史念海先生若是把我们交给这样的老师来调教，未来几年的学习生活，不知会何等恐怖。

初听先生讲课，更进一步加重了这样的畏惧。从第一堂课起，先生对那些空泛虚假"学术"的贬斥，就滔滔不绝于耳，其疾言厉色的程度，我背地里一直是用"咬牙切齿"来形容。勤奋以至于忘我，严厉而近于苛刻，这便是我对先生的第一印象。事实上，这在一定意义上，也确实是先生一以贯之的作风。

不仅是我们这些学生，我想了解先生或是认真阅读过先生著述的人，大多都会叹服先生文史素养之渊雅深醇，分析问题之邃密犀利。我不知道，从总体上来综合考量，在同辈学者当中，还会不会有人能够与其匹敌。在历史学方面，先生精熟先秦史、隋唐史与北朝史、明清史特别是清代学术史几大部分，而且对其余各个时期的史事，也都有相当丰富的知识；先生同时还兼通古器物的研究。在历史文献学方面，先生精通版本学、目录学、碑刻学，对敦煌文书也不乏精湛的论述。在古典文学方面，先生熟悉历代诗文辞赋，对《诗经》《楚辞》，对《文选》，对韩愈和姚鼐的诗文，对李商隐、吴伟业、王士禛、黄景仁等人的诗，还有系统深入的了解和研究；特别是对古代文言小说和话本章回小说，研究更为精深。在文史才艺方面，先生善书法，精篆刻；能赋诗填词写对子，能写典雅的文言文，包括骈文，借用先生自己的话来说，是完全"可以冒充清朝人的文章"；此外，先生还富藏善本古籍碑帖，等等。虽然说先生天资聪颖过人，读书博闻强记，只要是他感兴趣的内容，几乎可以达到过目不忘的程度，但一个人涉猎如此广博的范围，并写出诸多高水平的著述，还是需要付出全副精力，才能够做到。记得1989年春节的除夕夜，先生邀我到家里吃晚饭，见我进屋，先生匆匆打了一个招呼后，便埋头写作。吃饭时，我和师母以及寿成师兄围坐在桌旁，先生却一直没有离开书桌，是师母把一碗饭端到书桌前，先生这才放下手中的笔；急忙吃下这碗饭后，则又继续伏案工作。直到9点多钟，写定文稿，才算开始过年。我询问先生后，知道刚刚搁笔的乃是《唐史史料学》的书稿。后来每当我自责疏懒的时候，眼前都会浮现那一个除夕之夜先生紧张疲惫的神色。

先生的对学术要求的严厉，形诸文字，有目共睹。这里有对欺世盗名者的斥责，有对不良学风的批判，有对不同学术观点的质疑商榷，也有对他人学术论著瑕疵的匡正，性质并不相同，目的却只有一个，这就是切实推进学术研究。先生是以学术为天下公器，其间并不掺有丝毫个人意气，一切都出自对学术的真挚追求。时下国家提倡学术创新，方向虽然完全正确，但对于学术界来说，实际却是一种无奈的自我讽刺。因为本来只有具备创新意义的成果，才堪称学术；治学而需要特地标明某某成果属于"创新"，这表明虚假浮薄的伪学术，已经充斥学术领域。假如能够有更多的学者，像先生那样严肃认真地对待学术，也许就无须由国家出面来做这样的倡导。

不过，勤奋和严厉，只是先生形象的一个侧面，并不足以概括先生的风范。在先生身边，其实能够看到更多与此完全不同的面貌。

先生外表看似威严，为人处世其实非常随和；对后生晚辈，尤其如此。

听先生讲课没有太长时间，就和先生彼此熟悉起来。我这才弄明白，先生说他"从来不洗澡"，是不去公共浴池，每天在家里沐浴（那时大多数家庭里通常还不具备洗浴条件）；"从来不看电影"似乎也只是中年以后的事情，年轻时并不是这样。不仅如此，而且还知道先生对饮食起居和仪态装束都相当讲究，甚至达到很精致的程度，绝不是那种邋遢不修边幅、只知道板着面孔读书的苦行僧式学者。除了收藏古籍碑帖、作诗写字刻图章等文人雅事，先生还有很多与学术毫不相干的喜好：喜欢养猫（锡猫名以"若寅"，与孙女"若琰"联名），喜欢笔尖尖细的高档金笔，喜欢精致的名牌手表；喜欢吃奶油、猪排、金华火腿和东坡肉，尤其是红烧肘子或是东坡肘子；甚至还很欣赏自己在照片里的表情，知道有人说他长得像演反派角色的明星陈述，竟得意地嘿嘿发笑。其实就连先生读书，大多也只是为满足自己的情趣。先生读李商隐的诗如此，读吴梅村的诗如此，读王渔洋的诗如此；读《太平广记》和《西游记》同样如此；即使是读两《唐书》与《资治通鉴》，也依然如此。在课堂上听先生讲述李唐宫廷政治，神情一如谈论《太平广记》里的狐狸精，《西游记》里的牛魔王和天蓬元帅，无不情趣盎然。

先生读书撰文很勤，有时也很累，但绝无一丝一毫苦楚，若不是兴之所至，觉得好玩有趣味，绝不愿硬着头皮，勉强去做。因此，读先生的文章，不仅能够读到学识，还能够读到率真的性情。先生的文章，在自然积蓄的底蕴上，宛若天成妙趣，处处透射出机敏的灵性，绝然看不到那种自虐式的苦功。不过，也正因为过于率性，先生只把他的学问，写出很少很少一小部分，留给我们，而随身带走了更多更多。先生烂熟于胸的学问，有些方面没有写，是由于缺乏兴致动笔；有些方面是被他看作人所应知的常识，以为根本不必写；还有一些方面，则是有意回避不写。譬如在先秦史方面，先生对《左传》熟悉到大体可以背诵的程度，却没有写过很专门的文章，原因只是童书业先生系以治先秦史为专长，先生不愿别人误以为他是在承受着岳父的荫庇。

随从先生读书没有多久，最初的严师形象，不知不觉中已经转换成为一位充溢着慈爱的长辈，每当私下里见面，便放肆地插科打诨，和先生开起了玩笑。先生评判学术虽很严厉，但对学生的考试和学业论文，却从不做苛刻的要求，只是循循诱导学生主动学习，勤于思考。学生们听课时往往都有些担心，考试成绩一出来，则是皆大欢喜。读书期间，我曾练习写一篇关于唐长安城都亭驿位置的小考证文章，呈请先生指教，先生审读后鼓励我说，内容很好，方法也对头，不过文字表述实在不像样子。为帮助我提高表述能力，先生竟亲自动笔，逐字逐句一一仔细修改。后来我以《隋唐两京丛考》来作博士论文，就是基于先生这次批改文章的因缘。即使我等后学晚辈在学术上提出不同看法，先生也绝然不以为忤。譬如我写唐骊山华清宫长生殿的来由，与先生看法不同，先生还主动帮助修改文字，鼓励我发表。先生经常说，我是顾颉刚先生的学生，鼓励学生和老师商榷讨论问题，这是顾门的传统。

我修养不好，很容易冲动，也很固执，有一次竟因事恶语顶撞先生，拂袖而走；还有一次与先生争执不休，毫不礼让，惹得先生拍案怒斥，厉声宣示要将我逐出师门。正是通过这两件事，让我深深体会到先生严厉外表之下异常宽厚的胸怀。事情过后，我依旧负气避开不理先生，都是先生主动找我谈话，没有训斥我的无礼，没有责骂我的轻狂，而是语重心长地劝导说："辛德勇，你这样的脾气，一定要改一改，不然的话，将来在社会上不知要吃多少亏呀。"因为性格刚烈，先生自己曾受到过很多不公平的对待。每当回想起这些话的时候，我都能深切感受到先生话语中饱含的关怀和期望。先生谈话风趣诙谐，但性情刚毅，轻易不表露情感。读研究生时，我因基础差，为多看些书，连续有两个春节，留在学校，没有回家乡东北。先生知道后，为消解我的孤独，就让寿成师兄来叫我到家里去过除夕。除了吃年饭，先生什么也没有讲，但我能感受到先生的慈爱。1992年我离开西安，调到北京工作，先生还是没有多说什么，只是请师母特地做我爱吃的锅贴，为我饯行。当时我饭量很大，烙出一锅锅贴，先生和家人都不吃，眼看着我独自狼吞虎咽，一扫而光，先生才放心地目送我去往车站。在西安随侍先生读书问学十年，留在心底里的最后一幕场景，就是先生看我吃锅贴的眼神。

黄永年先生惠赐作者的苏州翻刻《武英殿聚珍版书》本《直斋书录解题》

2007年1月29日 记

原刊《新京报》2007年2月1日C14版，题目为编者改易为"黄永年：为学术的一生"。

遂成完帙外永震以自矢高麗舊箋護以藍布書函以免異時取閱頻繁不復往意更致殘缺也目隆慶迄今已歷三百七十年此煌煌鉅編乘知流轉幾姓經前代文人學士之唐鈔手誦習以留貽至於今日其卷帙奇零散佚不識始於何時一旦幸入余手俾得補綴完成頍還舊觀倘後世有得此書者尚冀勤加愛護勿妄加塗抹隨意委置庶不負余辛勤補緝之功

辛丙子十月十二日藏園老人記

黄永年先生藏明銅活字本《太平廣記》附傅增湘跋

按此本字體与隆慶活字本太平御覽相同蓋即用御覽字模同時排印廣記也其原本出於談氏刊本故卷首仍載談氏原跋及校勘人銜名以志所出余今歲六月薄游申江見此帙於忠記書莊有漢唐齋馬氏藏印言為同年宗子戴家藏書第檢查全部乃缺佚十卷鈔補十卷回是無人問津余屬書林老友李紫東代為諧價以二百八十金議定九月郵致北東余篋中舊富活字殘本數十册所缺各卷咸具乃撤出補入交文友書肆專鬻

学术与研究

> 习见书如纪传体正史中未被掘未见利用的实在太多了,再利用上几辈子也用不完。不此之图,光坐等孤本秘笈的出现,包括考古掘得新东西,岂非有点'守株待兔'的意味。

黄永年先生与古文献研究

业师黄永年先生去年过世以后，我写过几篇文章，缅怀先生，但都是回忆往事，没有涉及先生的学术贡献。这是因为自己虽然蒙先师不弃，视同及门弟子，但所学甚寡，并没有能够很好地领会先生的学术见解。现在动笔撰写这篇文字，依然无力全面阐述先生在古文献方面的造诣，只能勉为其难，简单谈谈极为粗浅的受学体会。即使如此，不得要领之处，还是在所难免，先师若是健在，必定要遭到斥责；或许，只有老老实实说实在话、不做官样文章这一点，尚能因恪守师训而免吃杠杠。

学术界有很多人用古文献学家、历史文献学家、古籍整理专家或是版本学家、目录学家等等诸如此类的头衔来称呼黄永年先生，但先师却一直不大喜欢这些称呼，他觉得自己就是一位研究古代文史的学者，版本、目录等古文献知识，只是研治古代文史必备的基础，犹如欲研究某一外国的问题，则必须首先掌握其语言文字一样；了解这些基础知识，从这里入门，本是人所例行的正常途径。

黄永年先生虽然早在中学时期，就蒙受一代宗师吕思勉先生亲炙，后来又问学于顾颉刚先生等学术大师，但具体做研究，并没有专门接受某一老师的特别指点，更主要的恐怕还是依赖他自己读书体悟。大凡自学文史之学的人，往往会出现两种截然相反的倾向：较多的人流于陋略局促，另有一小部分人则因不受特定范围和路数的限制，反而较常人更为博通渊雅。黄永年先生当然属于这后一类人。

记得很多年前,有一次周绍良先生宴请先师在京中某餐馆雅聚,席间先师感叹能相与畅谈的人越来越少,绍良先生笑着说:"现在都是专家,而你老兄是通人,跟不通的人,当然没法讲话。"其实中国古代文史知识浩瀚无际,谁也没有办法一一通晓无遗,文史学界所谓"通人",通常也只是大多数学者多读一些基本典籍而已。靠自己摸索读书,反倒比遵循现代固定学术轨辙的人,更能博通四部群籍,这是因为这一类人更具有向学求真的性情,更不受世俗的功利所诱导,读书也就不会那么急功近利。记得周一良先生在一篇探讨清代乾嘉学术形成原因的文章中曾经谈到,乾嘉考据之学的兴盛,不惟世人所云朝廷政治高压所致,考据史事,实际上犹如阅读侦探小说,事实真相的诱惑力,自然会使学者乐此不疲,欲罢不能。读古人书而能泛及历朝历代各类典籍,实际上也是探究历史面貌的好奇心所致。不过,书海无涯,越是多读,越不能泛滥无所约束,真成为所谓"好读书,不求甚解"。想要多读书,读好书,自然而然地也就要讲求版本目录之学。我想黄永年先生能够对古文献有比较深切的了解,首先应当是出于这样的缘由。

现在学者研究问题,有许多人是基于某一体系或是按照某一理论来预先规划设计题目,但过去老一辈人读书,往往更重视"读书得间",主张从阅读中发现问题,提出问题,再通过查阅史籍来解决问题。黄永年先生治学,始终强调以文献考据为基本研究手段,用他自己常讲的话来说,这是承自顾门的"真刀真枪"功夫。要想写好考据文章，对自己的观点做出强有力的论证，第一要义便是清楚知晓每一论证环节所需要使用的相关文献，以及各种文献可信性的高低强弱差别，还有其中某些文献的版本源流关系，我想这是促使黄永年先生重视了解并进而研究古文献最强大的动力和最基本的出发点。

古文献学虽然可以看作是历史学或是古典文学的一个分支学科，但若是单纯就文献论文献，即只做文献研究，不管是研究版本、目录，还是研究某一类别、某一时期的文献，在大多数情况下，恐怕都难以将文献研究做得很有深度，达到一定层面之后，往往都要受到限制。按照我的理解，由于只是将其视作文史研究的基本工具，黄永年先生古文献研究最大的特色、同时也是他最大的成就，就是结合具体的史事研究来分析、认识文献，始终着力于揭示文献的史料价值，或是侧重阐释古文献的构成来源以及学术史、文化史背景。

《唐史史料学》是反映黄永年先生目录学功力的一部重要著作，主要是为指导隋唐史专业研究生掌握研究史料，初版于1989年，因深受学术界欢迎，至2002年又印行新版。先师在自序中讲到，他要在这部书中，"力求把所提供史料的源流、价值以及应该如何利用讲得清楚些"。虽然还没有见到同样的唐代史料学著述，但与同类性质的通述性中国古代史料学著述或是其他朝代的断代史料学著述相比，这部《唐史史料学》在这方面的优点确实十分突出,海内外学人对此有目共睹。可能会出乎很多人意想之外,当初先师动笔撰述这部书初稿的时候,只用了短短不到20天时间。尽管正式出版时较初稿又做有不少增饰,但是其基本内容特别是最有深度的两《唐书》等基本史料,在初稿中就已经定型。先师受陈寅恪先生影响,从很早起就侧重研治李唐史事,在读书过程中反复揣摩考稽各种相关文献,积累多年,到出于教学需要撰写此书的时候,正犹如水到渠成,所以能够一挥而就。

黄永年先生在《唐史史料学》一书的自序当中,特别批评那些不负责任的史料学著述,在讲述史籍时,对"这本书究竟应该怎样读,怎样用,应该注意哪些问题,却绝口不谈",并且分析说:"这也难怪,因为有些编写者自己就没有读过用过这些书,哪来经验可以对人家传授呢?"多年以来,作者自己根本没有读过就大胆妄为做导读的史料学著述,确是越来越多;不过,还有很多史料学著述,作者并非没有读书,甚至部分作者读书还相当广博、认真,但像黄永年先生这样,既能做很好的文史专题研究同时又兼擅版本目录之学的作者,确实并不多见。

这种实际研究体会对于阐释文献史料价值的意义,并不仅仅体现在某一研究内容与相关文献的具体联系上,它更为重要的是体现为只有深入研究历史问题才能形成的对文献的认识能力和分析方法,这甚至可以说是对问题和研究方法的一种"感觉",或者说是一种研究的"状态"。对于大多数单纯研究文献的学者来说,其最难以突破的障碍,实际也正在这里。

先师最为系统的文献解题性目录学著述,应当是写在《古文献学四讲》当中的《目录学》这一部分内容。如果说《唐史史料学》一书集中体现了黄永年先生结合具体研究来论述古文献学价值这一特点的话,那么,《古文献学四讲》当中讲述的目录学知识,则可以更加充分地体现出先师研治古文献的弘博畅达程度。

传统的四部典籍,若是按照现代学科来区分,内容涉及文、史、哲以至自然科学几大领域,黄永年先生兴趣广泛,对这些学科不同程度地都有所涉猎。譬如有关自然科学内容,对于一般文史学者来说,相对最为生僻,黄永年先生对相关重要著述,也都一一披览,早年还撰写过介绍古代科学发明的小书《中国古代的科学家和发明家》。正因为对古代文化的各个领域都具有比较深入的认识,才能在很有限的篇幅里提纲挈领,有条有理地讲述四部基本典籍。例如,经部书在今天已经很少有人系统阅读利用,向初学者讲述,尤为容易流于散乱枯燥,先师则独创一格,按照学术史的发展脉络,分成经学发展的起源、经今古文学、义疏之学、宋元经学、清人经学这样几个大的阶段,分别举述各个时期的经学名著,这样就使读者摆脱了学习目录学知识时孤立地死记书名、作者、内容的枯燥和艰涩,同时,还可以通过对这些书籍的了解,初步感悟到与这些著述相依伴的学术脉动。

自清末以来，学者研治古代文史，多以张之洞《书目答问》作为阅读史籍的入门指南。黄永年先生曾经撰写过一篇《编撰〈书目答问〉新本刍议》的文章，以为自《书目答问》问世一个多世纪以来，情况已经发生了很大变化，目前"亟待编撰一《书目答问》新本"。先师在文中为这一"《书目答问》新本"提出6点具体设想，大意为：

（1）宗旨是为治古代文史者提供文献指南。

（2）应大体依据传统的四部分类法而适当予以增改。

（3）古籍断限于清末民初，惟个别新著与古籍同一性质者，可择要收入；校注则不受时间限制。

（4）"五四"新文化运动以来有关我国古籍、我国古代文化研究之重要成果，应择要著录。

（5）新校注本、新标点本及影印本，均宜取其高水平有学术价值者，草率牟利之本概不得入录。版本介绍应注意增列宋元精善刻本之影印本。

（6）执笔撰述需有通识且具专长者为之，名称不必沿用《书目答问》，或可径称《中国古籍要目》。

黄永年先生在这里特别强调执笔撰述者需要有通识且具有学术专长，所说"通识"应当包括对古文献版本目录和文史研究各领域学术状况这两方面的了解，"专长"则是指对具体学术问题的深入研究。我在这篇文章正式发表前读到手稿时，即对先生说，除了先生本人之外，现在恐怕不大容易找到具备相应条件的学者来承担此事，而先生过去撰写的目录学讲义，也就是后来印在《古文献学四讲》当中的这部分《目录学》内容，除了尚未一一添注版本之外，实际上已基本实现了他有关的《书目答问》新本的设想，不妨就将其修改成为这样的"中国古籍要目"，供学术界使用。先生当时答复说，他也觉得大体就是这样，不过，若是时间和精力允许，再做些修订会更为完善；至于标注版本，对于先生来说，本来是得心应手的事情，只是需要稍花费一点儿时间和力气而已。虽然先生去世前没有来得及对这部《目录学》各个部分都一一仔细修订，但随后应邀为高校古文献专业撰写有《史部要籍概述》和《子部要籍概述》两部书稿，近期即将出版面世，可以看作是对这部《目录学》史部和子部两部分内容的增改和扩展。我想若是适当参看这两部书籍，差不多也就可以将先生的《目录学》讲稿，视同《书目答问》新本，用作古文献入门导读了，至少眼下我们还看不到有其他更好的著述，可以起到同等作用。

不仅是目录学研究，黄永年先生在版本学方面，同样清楚体现出上述兼具通识与专长而不仅仅囿于文献本身的研究特色。先生在《百年来的中国古文献研究》一文中附论古籍版本研究时指出，百年来在版本研究上的重大突破，是通过王国维、赵万里诸位先生的研究，理清了版本的发展演变，使版本鉴别真正成为一门科学。先师同时也还指出，他们的研究，仍有不足之处，就是忽视明清刻本，特别是清代版刻，没有梳理清楚明清刻本的发展脉络。先师随后讲道："差可告慰的是，此后对古籍版本的研究继续在推进，赵万里留下的空缺已基本得到填补。"接下来又在文中简要叙述了明清各个时期的版刻特征及其变迁缘由，并且说明，对宋金元刻本和活字本等，也在王国维、赵万里的研究基础上，又进一步"分析归纳出特征"。黄永年先生在这篇文章中很负责任地清楚指出，正是由他本人，在所著《古籍版本学》一书当中，对这些问题做出了阐释，亦即由他动笔填补了赵万里留下的这一重大学术空白。这也是百年来中国古文献研究的卓越成绩之一。

事实上，黄永年先生在这方面的学术贡献，并不仅仅体现为填补前人留下的空白。与赵万里先生已有的研究相比，先师在探讨各个时期版刻特征的时候，更为关注社会文化环境对雕版技术形成和演变的影响，从而做出了更为深入的分析。譬如在阐述宋刻本的字体特征时，不仅指出南宋建阳书坊"都作颜体即颜真卿的字体"，而且还分析其形成原因说："这是由于在宋代颜字最流行，大书法家如苏轼、黄庭坚、蔡襄都是学颜字出身，何况民间，加之颜字结构方整，点划分明，工匠刊刻起来也还方便，这就是建阳民间书铺所以要用颜字刻书的缘故。"不仅如此，先师还凭借自己的书法造诣，进一步深入阐述说："颜字也有几种路子，建本用的颜字是近于颜书《多宝塔碑》的一路，因为这路字容易学，后世的书法家往往批评它有匠气，这正好适合一般人书写，适合工匠刊刻。"又如先师论述明代中期的"嘉靖本",提出这种版刻风格的产生,基于前后七子复古运动的影响,从而是以当时文化最为发达的今苏州地区为中心向各地辐射扩散;而这些刻本中以家刻居多,也是缘于这类刻本原本是由苏州的文人所倡导。又如论述清代中期的仿宋精刻本,指出这类版刻的兴盛,乃是基于乾嘉学派治学讲究校勘的影响,等等。这些都是前所未有的分析方法,也是脱离对一般历史问题的关注和研究而单纯研究版本问题的人所难以企及的学术高度。

黄永年先生这些研究,在中国版刻研究史上做出了承前启后的转折性贡献,即上承王国维、赵万里以来的研究,基本梳理清楚了历代版刻的演变脉络,同时又跳出于狭隘的版刻范畴之外,开辟了更具有历史学意义的版刻史研究路径,为中国版刻史研究,打开一片全新的天地,而这也正是我们今后需要步其后尘继续大力拓展的主要研究方向。不过,在从事这些研究的时候,千万需要注意,和所有研究一样,新的研究着力点,必须要以对版刻史基本事实的认知为基础,这也是黄永年先生留给我们的实在经验。从社会历史角度研究中国印刷史,近几年在国际上有那么一些人热闹过一阵,但多是浮泛空谈,真正有价值的成果,并不多见,主要原因是这些学者大多并不了解中国古代版刻的基本史实。国内也有人追随这一风潮,放胆高谈阔论,实际上对版刻史的基本内容,却是一无所知,不过是随便抄撮一下某些人似是而非的通俗说法再顺手添加上一些时髦的词汇而随意发挥。这样的所谓研究，可以说毫无学术价值，除了作者用以自欺，也只能哄哄某些无知的西洋外行，要想欺人欺世，恐怕也并不那么容易。

先师系统论述古文献学的著述，除了上述《唐史史料学》《古文献学四讲》《史部要籍概述》《子部要籍概述》《古籍版本学》之外，还有《古籍整理概论》，以及与贾二强学长合著的《清代版本图录》；相关研究论文近 50 万字，则已经由我汇编为《黄永年古籍序跋述论集》，在中华书局出版，从事相关研究的学者，自可取阅，无需一一叙述。

在这里我还想说明的是，基于广博的历史知识以及对历史问题的深入认识和研究，黄永年先生在观察古文献时，有着非常敏锐的直觉，有一些重要问题，他并没有展开专门的论述，只是更多地本着出自事物常规的直觉，在相关论著中简单地陈述了自己的看法，我们在阅读先生的古文献著述时，对他那些独到的见解，哪怕只是只言片语，也要给予充分的重视。

例如，关于《旧五代史》的原本问题，民国时人汪德渊曾经号称藏有一部金刻本，当时最著名的版本学家张元济、傅增湘等都一直相信确有其事，黄永年先生却在《唐史史料学》一书中断然贬斥说："恐亦文人好奇，故弄狡狯以自嬉而已。"以前上学时我在课堂上听黄永年先生讲课，对这一问题将信将疑，没敢请教先生何以做出这样明确的判断，近日偶然尝试对此做了一番探索，撰写一篇小文，题作《谈传言所说晚近存世金刻本〈旧五代史〉乃绝无其事》，始相信确实应如先生所言。

又如关于中国印刷术的产生时间问题，多数学者总是倾向将其定得愈早愈好，黄永年先生却一直坚持认为，最早不应早于盛唐玄宗时期。先师在《古籍版本学》中对这一观点有说明云："这都只是推测，究竟什么时候发明，还有待发现实物来证实。但如果推得更早，再上推一世纪多即到唐初甚至隋代，则时间似乎太长，有点不合情理了。"过去我对先生这一看法，也有些不够理解，以为根据目前所掌握的情况，唐代初年发明印刷术的可能性，恐怕还不能轻易排除。直到近来稍微花费力气研究一些印刷史问题，才感到在有关印刷术起源的种种说法当中，确实应属先师的看法，最为合理，因而计划在近期专门撰写一篇文章，来申说先师这一见解，遗憾的是已经不能当面向吾师汇报，不知能否合乎先生的心意。

2008年1月27日 记
原刊《古籍整理出版情况简报》2008年第5期

黄永年先生《史部要籍概述撰写方案》手稿

研治古代文史的必备入门书籍
——读黄永年先生著《古文献学四讲》

在现代社会中,从事任何一种职业,都需要具备某些必备的基础知识,不然你无法入门。从事中国古代文史方面的研究,则首先需要对于古代文献具有相应的了解。道理很简单,历史已经远去,我们只能主要依靠古代文献的记载,来尽可能地接近和认识当时的面貌。所谓古代文史,包括历史、文学、哲学等许多领域,但严格说来,都可以概括在泛义的历史学范畴之内,因为文学史、哲学史像政治史、经济史、社会史一样,也都属于历史学的一个组成部分。

众所周知,史学家傅斯年是极力主张"史学即史料学"的。他在《史学方法导论》一文中曾经讲过:

史学的对象是史料,不是文辞,不是伦理,不是神学,并且不是社会学。史学的工作是整理史料,不是做艺术的建设,不是做疏通的事业,不是去扶持或推倒这个运动,或那个主义。

由于"史料是不同的,有来源的不同,有先后的不同,有价值的不同,有一切花样的不同",所以,所谓整理史料的方法(实际上也就是历史学的研究方法),"第一是比较不同的史料,第二是比较不同的史料,第三还是比较不同的史料"。

傅斯年的这种主张,现在有些人或许并不赞同。但是,不管大家怎样看待历史学的性质和内容,不管研究者各自抱着什么样的历史观去从事研究,恐怕也都不能不承认,史料毕竟是史学研究最重要的基础;假如缺乏这一基础，一切古代文史研究，都将无从说起。傅斯年在这篇文章中，还具体归纳列举了"比较不同的史料"的几种主要类型，如"直接史料对间接史料"，"官家的记载对民间的记载"，"本国的记载对外国的记载"，"近人的记载对远人的记载"，"不经意的记载对经意的记载"，"本事对旁涉"，"直说与隐喻"，"口说的史料对著文的史料"，等等，这些都是从事一项史学研究不可避免地要遇到的基本问题，而要想哪怕是最一般地切入这些问题，就必须首先了解有哪些相关史料，以及这些史料的特点。——所谓"史料学"，就是研究和解决这些问题的历史学基础分支学科。

虽然在口头上，似乎大家都能够认同史料学的重要性，可是在实际的教学和研究工作中，却未必都能够很好地体现这一认识。

譬如目录学和版本学，是史料学中最基本的内容，可是现在的大学历史系，却很少开设相关的课程，一般是开一门"历史文选"，只是教学生念念文言文，根本不涉及目录学知识。这种情况，其实由来已久。20世纪50年代毕业于北京大学历史系的周清澍先生，是深有造诣的蒙元史研究专家，他曾在一封信中，描绘了当年自己缺乏相关知识训练的情况。他写道，自己调到内蒙古大学任教以后，"经常出差来京，学校也附带给我采购书籍的任务。可惜我一点目录学知识也没有，只会买一些一看书名就知其内容的书。经过比现在研究生多若干倍的时间，完全出于偶然，看到《四库全书总目提要》《四库全书简明目录标注》《中国丛书综录》，及北京、北大、上海、江苏国学（今南京）图书馆等书目，才稍稍懂得点按目寻书的知识。为了在书店能随时决断应购何书，就必须熟记书名并知有几种版本及版本优劣等"（此信公开刊载于《藏书家》第 4 辑）。北京大学历史系尚且如此，其他学校自然可想而知。几年前，有一位行将退休的老教授，也是毕业于著名学府且供职于著名的学术机构，曾私下向我咨询，谓听说有一部给古代传世文献做提要说明的书，如果书店有的话，让我顺便帮助买一本。——这位老教授想问的书是《四库全书总目提要》。这件事情，完全可以证明类似情况的普遍性和严重性。

周清澍先生说，现在的研究生，上学时就能具备相关版本目录基础，那可能是由于他在经历了长期暗中摸索之后，深知这些学问是入门的必备知识，于是开宗明义，就把它传授给了自己的研究生。如果是这样，只能说他自己的学生有幸，却并不能说明现在的一般状况。以我接触到的情况来看，目前大学本科生、硕士生乃至博士生的史料学素养，与上世纪 50 年代相比，总体上并没有多大变化。不然我们就不会经常看到有一些硕士、博士乃至教授、博导，在使用《西汉会要》《东汉会要》《十国春秋》《续资治通鉴》《辽史纪事本末》《金史纪事本末》，直至当今生人编纂的《清史编年》《清通鉴》这样一些根本没有史料价值的著述，来作为研究的依据了。

要在学习阶段打好史料学基础，需要有合适的入门书籍。过去，有些人是依赖清代乾隆年间纂修的《四库全书总目提要》，但是它对于现在的初学者来说，显然过于繁难，而且无法利用它来了解乾隆年间以后的大量重要典籍，所以并不适用。清末张之洞撰著的《书目答问》，是专门为指导初学而开列的基本书目，选书虽大体精当，但只列书名，没有作者和内容的介绍，同样不宜于现在的学生用于初学。

民国以来，出版过一些这方面的入门书籍，但是往往都是只侧重某一个方面，如朱师辙《清代艺文略》，仅成经部，且只叙述清代经学书籍（对于了解清代经学著述，这是一部很好的导读书，遗憾的是流传甚为稀少，现在连专门做清代经学研究的人都很少知道）；吕思勉《经子解题》，仅叙述上古经书和诸子书；柴德赓著《史籍举要》，王树民著《史部要籍解题》，谢国桢著《史料学概论》，陈高华等著《中国古代史料学》，黄永年著《唐史史料学》等，都仅仅是从狭义的历史学研究角度选择典籍，进行介绍，目前还没有见到质量较高的全面介绍古代史料文献的目录书籍（朱自清《经典常谈》见识通达且文笔流畅，最便初学，遗憾的是当时是为中学生撰写，开列书籍太少，不敷学者入门之用）。最近鹭江出版社出版的黄永年先生著《古文献学四讲》，可以说是应从和满足了学术界长期以来的迫切需要。

《古文献学四讲》，是鹭江出版社《名师讲义丛书》中的一种。顾名思义，都是用以教授学生的讲义。黄永年先生这"四讲"，包括"目录学""版本学""碑刻学"和"文史工具书简介"四种讲义。

20世纪80年代初,我在西安随史念海先生读书时,史念海先生要求必须去听完黄永年先生开设的上述几门课程。史念海先生当时特别讲到,不听好黄先生这些课程,就无法掌握读书做学问的门径。所以,这本《古文献学四讲》,编录的都是我听过的课程讲义,当年油印向学生发放过。黄永年先生不仅学识渊博,而且善于演讲,授课神色生动,把这些一般人看来枯燥单调的课程,讲得妙趣横生,牢牢吸引我如饥似渴地听完了各门课程(版本学上课时开过小差,但后来私下求教于先生更多,也是以这本《版本学》讲义,作为入门向导)。后来我能够在学术上尝试着做出一点研究,首先就是依仗这些课程所打下的最重要的基础。由于自己基础较差,许多授课内容,一下子不能很好理解和记忆,工作后就仍一直把讲义放在手边,随时翻检查阅,不断加深掌握和理解。现在读到正式出版的讲义,既亲切,又兴奋,引发了一些感想。

打好基本功,这是黄永年先生在授课和治学中一贯强调的基本看法,这也是他教授学生时首要讲授上述课程的原因。他曾针对时下学术界一些人毫无根基地胡乱著书立说的情况,举述其中典型的荒唐例证,撰写过几篇文章,希望引起大家的注意(如《还是要打好基本功》等,多已收入先生随笔集《学苑零拾》)。学术研究的基本功,包括很多内容,在史料学方面,我想最重要的包括如下三个方面:一是注重传世文献,强调读常见书；二是要尽可能深入地掌握基本史料的内容和性质；三是要尽可能广博地多了解各类史料的内容和价值。

谈到重视文献资料，在实际研究工作中存在两种不同路数。

一派特别强调寻找从未被人利用过的资料，尤其是地下地上新发现的史料。论者往往引据陈寅恪先生的话，谓"一时代之学术，必有其新材料与新问题。取用此材料，以研求问题，则为此时代学术之新潮流。治学之士，得预于此流者，谓之预流。其未得预者，谓之未入流"。甚者且谓学术之每一新进展，必定要仰赖于新材料之出土。

另一派则是强调读传世基本文献，当代著名学者如顾颉刚、余嘉锡等均是这一派的代表性人物。据先师史念海先生讲，当年顾颉刚先生向他传授的读书门径，就是以读常见基本史料为正途，要把从人所共知的基本文献中发现新问题，提出新见解，作为治学的基本功夫。顾颉刚先生称此为"化腐朽为神奇"。

学术研究，各自有所偏好，存在不同的路数，所谓"各遵所闻"，本是很自然的事情。但是前一派援依陈寅恪先生的说法为其张目，却未必尽合乎陈氏本意。看一看陈寅恪先生的主要学术贡献全在于使用两《唐书》《通鉴》等最大路的史料，就可以明白，陈寅恪先生本人，并不特别依赖所谓新材料来做学问。陈垣先生有相当一部分研究，由于题目所需，是比较重视某些当时学术界相对生僻的史料的。陈寅恪先生的话，出自他为陈垣《敦煌劫馀录》撰写的序言，是否带有某些应酬的成分，恐怕还需要结合他自己的研究来揣摩。我想在熟悉基本文献的基础上重视新出土资料，读常见书而知生僻书，这才是对待史料比较合理的态度。

黄永年先生在治学上是师承上述后一派传统的，所以这部《古文献学四讲》，核心内容是传世基本文献的版本目录。常用文史工具书是读古书、做学问的一般工具，版本学、目录学是讲传世文献自不必说，所谓"碑刻学"，也不像有些人可能理解的那样是讲述出土碑刻资料，而是讲授宋代以来的碑刻学知识传统，以便更好地利用这些迭经历代摩挲已成为传世文献组成部分的碑刻资料。

近来听说有一部分学者，称谓碑刻为"非文献"史料。至少就中国的情况而言，我觉得是不够妥当的。黄永年先生在序论中说，他是鉴于时下"碑刻之学中衰"，而"专设碑刻学课程者几无所闻"的情形，才"为研究生开设此课，总结近半个世纪个人业余从事此学之所得，窃欲重振斯道，且使从学者开阔眼界，借免拘墟之诮而已"。可见，其志趣与争竞观睹新见石刻碑版资料者，亦判然不同，从本质上是把碑刻看作传统目录学的一个特殊组成部分来加以阐释的。

黄永年先生本人，从青年时期起就收藏善本书籍和碑帖拓本，几十年间所得甚丰，早已是蜚声海内外的藏书名家，可是做学问却极力主张以读常见基本史籍为主。黄先生文史兼通，在历史研究方面，更强调要首先花大力气读正史。《古文献学四讲》书后附收了他撰写的三篇文章：《述〈注坡词〉》和《读唐刘濆墓志》，分别为研究版本和碑刻的实例；《我和唐史以及齐周隋史》则是其治学经历的简要叙述。

在《我和唐史以及齐周隋史》这篇自述性文章里，黄永年先生阐述自己对待史料的原则是，"撰写文章不依靠孤本秘笈而用人所习见之书，要从习见书中看出人家看不出的问题"；他说："习见书如纪传体正史中未被发掘未见利用的实在太多了，再利用上几辈子也用不完。不此之图，光坐等孤本秘笈的出现，包括考古掘得新东西，岂非有点'守株待兔'的意味。"在本书的"目录学"讲义部分，他也讲到："想研究我国古代的文史以至哲学，必须懂得历史，读点史书。而史书中最重要的可作为第一手文献的，要首推这纪传体的《二十四史》。"纪传体的《二十四史》即传统所谓正史，这是把读正史置于整个古代文史哲研究的基础地位。重视基础，是为了掌握精髓。读书遵依主从次序，方可避免由终南捷径而堕入旁门左道。这种治学态度，应该是贯穿这部《古文献学四讲》的内在主旨，"四讲"内容的设置，都是服从于这一主张，读者不应只看具体的文献知识而忽略了它。

因为是强调读常见基本史籍，所以首重目录学。此"目录学"既非研究图书编目之书籍分类体系，亦非研究书目分类体系变迁之目录学史，只是介绍有哪些基本史籍及其内容构成和史料价值。不过要想在短短十几万字篇幅内，开列出经史子集各类古籍的要目来（如果说可以把清人编纂的《四库全书总目》作为选书的基本依据，那么撰写这部"目录学"讲义需要考虑的范围，不仅增加了清代乾隆年间以后的大量著述，还多出小说戏曲一大门类），是一件很不容易的事情。撰作书目，求全固然甚难，但那是难在花费时间和功夫；而拔萃之难，则需要更高的学术素养，特别是通贯的学识。张之洞的《书目答问》过去一直为学者看重，主要也在其高屋建瓴的学术眼光上。

《古文献学四讲》的"目录学"部分，在继承张氏神髓的基础上，立足于当今的学术视野和"五四"以来大量全新的学术认识，精心别择各领域内最基本的著述，选书比《书目答问》更精，分类更切合现代学术需要，叙述更注重学术发展的系统性，因此，在很大范围内，完全可以取代《书目答问》，作为研治古代文史的最基本入门书目。

由于是入门书籍，要想从每一门类的大量著述中，选出最有代表性的著述来，就需要撰述者明了古代各门学术的发展脉络。《古文献学四讲》最精彩的地方，是通过简明扼要的叙述，阐明了相关的学术源流，在此基础上揭示出其中最有代表性的著述。

比如，经学是中国古代学术的核心内容，而传统的四部分类方法，往往只是按易、诗、书、礼等经书的类别来划分细目，以此准则来编纂著述总目固无不可，可是像《书目答问》这样的经籍入门书籍，依然大致遵用不改,就与其津逮初学的目的,不尽相契合了。对此,黄永年先生认为,"我国所谓经学的时代性特别强,不讲清楚各个时代的经学趋向,就无法使人理解为什么会出现这样那样的经学著作"。所以,他在讲义中独创一格,按照经学发展的起源、经今古文学、义疏之学、宋元经学、清人经学这样几个大的阶段,分别举述各个时期的经学名著。这样不仅使学生摆脱了目录学学习中孤立地死记书名、作者、内容的枯燥和艰涩,还可以通过目录学的学习,初步了解各类著述背后所相关的学术源流。

又如子部书籍中的思想文化性著述,在《书目答问》单列"周秦诸子"的分类方法的基础上,本书又将汉代以后的书籍分为"汉魏以下议论""理学"和"考证之学"三类,分别予以论列。具体每一类中讲述的内容,也都能提纲挈领,举重若轻。如讲清人考证,先举顾炎武《日知录》发其端绪,以知一代学风之本源;次举钱大昕《十驾斋养新录》、王念孙《读书杂志》、俞正燮《癸巳类稿》与《癸巳存稿》,以见乾嘉汉学家考证之博大精深;最后以陈澧《东塾读书记》殿其尾,以反映考据学适应时代主流学风转移所发生的变化(即陈氏"已不拘乾嘉汉学之传统")。

其实,强调读常见基本史籍的内在意义,正是为了全面、系统地掌握这些最基本的历史知识,作为治学的根基。所以除了如上一些比较系统的讲述安排之外,讲义中随处也都体现出这一思想。如集部讲文章选本,仅列三部书籍,为姚鼐《古文辞类纂》、张惠言《七十家赋钞》、李兆洛《骈体文钞》。姚鼐为清代桐城派古文家代表人物，所纂《古文辞类纂》撷历代散体之精粹，自然大多数人都会列举这部书，可是张惠言的《七十家赋钞》和李兆洛的《骈体文钞》，却一般不会被人想到。黄永年先生这样选择，是因为散文与骈文是古代文体的两大类别，一直相辅并行，不能像现在一般古代文学教科书那样，偏重散文而忽略骈文。

事实上，在清代桐城派最为盛行的时候，也从来没有能够独擅文坛；即使是在古文家之间，也一直有阳湖派与之相颉颃。黄永年先生在讲义中对此清楚交待说："阳湖派之不同于桐城派者，是要兼采骈体使其文字更光辉充实。"由于张、李两家与姚鼐一样，是采辑历代代表性文辞，读者自然可以由此入手，领略骈体精华，窥得骈文的流变。初学者胸中蓄此常识，并品味一些经典骈体文章，至少可以免却一谈起古人文章，便只知唐宋八大家散体古文的陋略，进而还能够明白唐宋以来的所谓古文运动，实际上在社会很大一个范围内，始终没有能够撼动骈文固有的位置。

在学术发展的体系当中，选择最有代表性的著述，介绍给学生，让学生通过这些代表性著述，来认识一个时代的学术风尚，在此基础上，去采摘利用具体文献的史料价值。——我体会这就是这部"目录学"讲义最大的特点和特别值得称道的水平与眼界所在。

本书具体介绍每一种典籍所体现的学术深度，体现在如下几个方面。首先是书籍的类别归属，这是对于书籍基本内容和性质的认识。在这方面，最为典型的例子是《册府元龟》。传统目录一向著录此书于类书当中，有人还把它与《太平御览》等并列为宋代"四大类书"。黄永年先生认为，它"其实体制以及今天的用途都和会要相同"，因此，便把它列在史部政书类当中。《册府元龟》自是研究魏晋南北朝及隋唐特别是唐代历史的重要资料，其价值不在《唐会要》及《通典》诸书之下，体例与分类编制政事的会要相同，而与采摘旧事轶闻辞章以供寻章摘句的类书，却有很大差别，只不过历朝会要是汇集一代政事，而《册府元龟》是贯穿历代而已。旧时直至《书目答问》的目录，把它划归类书，实在不当；而前述今人水平较高的史料入门书籍如柴德赓著《史籍举要》，王树民著《史部要籍解题》，也都未加深究，仍旧沿袭前人成例，在举述政书要籍时未能列入此书。尽管后来居上，是理所应当的事情，但从中还是可以看出黄永年先生超越前人的学术见识。类似的情况，还有明人王圻《续文献通考》，本是为接续南宋马端临《文献通考》而作，保存有丰富的珍贵资料，自然应当一如《文献通考》，列在政书类中，可是清人纂修《四库全书》时，却无端贬斥其为"兔园之策"，降格打入子部类书之存目书籍当中，今此"目录学"讲义，也恢复了它的政书地位。

其次，是应当尽可能深入地介绍每一种典籍的具体情况，让学生了解到最有价值的学术界研究进展，使其对于每一种文献，都能够获取准确的认识，并从中体会到对待文献典籍，不能简单地人云亦云；明白我们对于古代典籍的认识，是一个不断深化的过程。因此，要养成探究的习惯和态度，在使用过程中，时时注意思索，力求对文献有更深入、更客观、更全面的独到认知。

在这一方面，黄永年先生首先是在思辨对比的前提下，充分吸收了前代学者特别是五四以来学者的研究成果，如吕思勉、顾颉刚、陈垣、余嘉锡等人的研究，同时也在讲义中讲述了许多自己独到的研究看法。如章回小说《西游记》的作者，自胡适认定为吴承恩以来，早已成为通行的常识，近年虽有章培恒等人撰文否定胡适的说法，但仍不为一般人所接受。黄永年先生在讲义中根据自己的研究，谈到《西游记》最早的百回刻本，应出自嘉靖初年，而此时吴承恩年仅二十出头，根本不可能写出如此世事洞明、人情练达的鸿篇巨制，从而从根本上推翻了胡适当年的观点。

又如关于传世今本《孙子》十三篇的作者问题，旧题为春秋时吴将孙武所作，而叶适、全祖望、姚鼐直至钱穆诸人皆怀疑实际出自战国时人，或即出自齐将孙膑之手，而孙武可能是孙膑的本名。上个世纪70年代初，在山东临沂银雀山汉墓中，同时出土了一批同于今本《孙子》的残简，和另外一些未见于今本《孙子》却明确涉及到齐将孙膑的《孙子》残简。今研究者普遍认为后者即《汉书·艺文志》著录的《齐孙子》，将其定名为《孙膑兵法》，并相应地推论，既然另有《孙膑兵法》，那么今本《孙子》就不可能再是孙膑所作，只能依传统说法，认定为春秋时吴将孙武所作。对此，黄永年先生则有不同看法，他认为，"战国的诸子书本不一定是本人所作，多数是治其学者所为"。因此，所谓《孙膑兵法》"即使真是孙膑所作，何以能断然说今本《孙子》便是孙武所作，难道不会是战国时另一些兵家所作。何况从《孙膑兵法》内容看也不像是孙膑本人作，其水平也远不如今本《孙子》。再则叶适、全祖望、姚鼐等提出的今本《孙子》多处与春秋时情况不符，主张今本为孙武作者并未能作任何否定（恐怕也无法否定），并未能翻掉叶适以来定的案"。所以"现在只能仍旧认为今本《孙子》是战国时的书，作者可能是本名孙武的孙膑，也可能是其他高水平的兵家"。尽管这样的看法还不能像上面讲的《西游记》的作者一样作为定案，但至少在目前情况下，这是一种比较全面的分析，依我看也是一种最合理的解释。通过这样的讲授，学生可以学习到对待历史文献的综合分析方法，摈弃简单的纯文本的非此即彼的思维方式。

对于历史文献价值的评价，一般包括两个方面：一是作为一种著述的撰著水平的评价，一是我们今天的使用价值，其中后者又可以区分为阅读价值和史料利用价值。过去的一些评价著述，往往将这几层价值混为一谈，不能切中实际情况。这部"目录学"讲义，在这几个方面，都做了很好的区分和评价。

如题为清人毕沅所撰《续资治通鉴》，讲义中评述说："其中北宋部分尚好，元代较简略，总的质量不算高。"这是对于撰著水平的评价；又说此书"可供阅读而不宜引用",这是对阅读价值和史料利用价值的不同评价。

有些著述如清人周济的《晋略》,水平较高,得要领,有见识,有较高阅读价值,在后人重修的纪传体史书中颇有代表性。所以,"目录学"讲义在二十四史之外的纪传体史书中列举了它。这样做是着眼于它的著述和阅读价值。但同时黄永年先生也清楚指出,此书"只是据《晋书》改写,并无史料价值,今天研究两晋史事不宜引用"。

与此相反,有些书从著述角度看是很糟糕的,可是对于今天的研究,却很有史料价值。如《永乐大典》,尽管四库馆臣早已指出其"割裂庞杂,漫无条理",但现在还是有许多人非要称颂它是中国古代伟大的百科全书式著述,并且要效法故事,搞某某大典。其实《永乐大典》从著述角度看,是无比荒唐的,纯粹是皇帝老子硬充风雅的产物,至于借由它保存下来大量明以前史料,那只是我们今天研究利用的史料价值问题,与《大典》编得好坏,根本不是一个范畴里的事情。黄永年先生在讲义中用很幽默的语言,评价了《永乐大典》的著述价值,说它"是一种将作诗用的每个字注有故实的韵书,加以无限制地扩大而产生的怪物";由于它的编纂既愚蠢又荒唐,所以绝无阅读价值可言,现在"唯一的用处就是可以用来辑佚和校勘"。

"目录学"讲义中对于史籍精彩的评价有许多,初学者要想很好地领略这些看法,阅读时胸中首先要区分开这些不同的评价角度。这也是对待所有历史典籍所需要具备的一种眼光。

每一位学者都有自己比较擅长和熟悉的领域,在撰写这类文献入门书籍时,如何避免个人的专业色彩,跳开一步,尽可能从一个广博的视角来选择和介绍各种典籍,均衡地体现古代文献自身的内在体系,这对于作者学术视野的宽度,是一个考验;而从读者角度来看,只有使用这样的讲义,才能打下宽厚而不是偏狭的文献学基础。

黄永年先生虽然以治史为主业,但是对于古典文学也有很深的造诣,做过很多高水平的研究,如前述《西游记》的作者问题,就是其中之一;除此之外,他还广泛涉猎了经、史、子、集四部以及释、道要籍。所以,这部"目录学"讲义,并没有过分浓重的历史学色彩,有时甚至会为了整体均衡的需要而舍掉一些重要的历史典籍。例如诗文总集部分讲到《明文在》而略去了《明经世文编》,这是从文学史角度所作的抉择。因为《明文在》之编选着眼于文辞而《明经世文编》着眼于社会事务。作为初学的入门书籍,整个讲义篇幅有限,在二者不能兼顾的情况下,只能有所取舍。

由此一例,即可以看出,阅读这部"目录学"讲义,足以使读者打下广博的文献学基础,获得丰富的文献学素养。——其实这种广度,正是学术素养深度的先决条件和它的一个侧面。很长一段时间以来,不断有人呼唤学术界要出大师,古代文史学界,甚至有人想通过聚集青年精英办培训班的方式,来造就养成大师,实际效果却不甚理想。大师的评判标准，人各不同，但是在古代文史研究领域，只知道自己特别关注的某一方面的文献史料而缺乏广博的文献学素养，恐怕是很难称为大师的。

黄永年先生是当今顶尖的古籍版本学家，所以能够在这部篇幅有限的"目录学"讲义中，根据需要，信手拈来，三言两语地讲述关系到文献实质内容的重要版本问题，这既是本书的特色，也是反映其学术水平和深度的一个重要侧面。如经部清人郝义行的《尔雅义疏》，谓此书"最初刻入《皇清经解》的和道光三十年陆建瀛刻本，都用王念孙删定的本子，咸丰六年杨以增刻本及同治四年郝联薇覆刻本方是足本，但王氏学识优于郝，所删定之本实胜过足本"。这与咸丰足本优于道光删定本的通行说法大不相同，这绝不是慑于王念孙大名所做的轻率推断，而是认真比较二者异同后（并撰写过研究文章）得出的结论。讲义中所有的版本讲述，都是这样有特别的考虑和需要，读来精义纷呈，裨益实用。

从以上例证中可以看出，读书需讲究版本恰如选择书籍同等重要。而要想心应手地选用得当的版本，还应当具备一定的版本学知识。《古文献学四讲》中的"版本学"讲义，就是这方面最好的入门书籍。

版本学包括版本鉴别与版本史、"版本目录"这两大部分内容。前者讲版刻特点及其变迁，后者讲某一种古籍曾有过哪些版本以及这些版本之间的相互关系。作为给初学者开设的课程，前者可以系统讲，而后者则只能开列一些基本书籍，供使用者检阅，没办法也根本没有必要逐一讲解。我过去听黄先生讲课，前后见过繁简程度不同的三个版本的油印讲义，这次收入的是最简单的简本。

从目前的实际需要情况来看，选择这个简本作通行的讲义，应该是比较合适的。因为大多数人只要通过这个讲义的学习，能够对于版本学知识有个最基本的了解也就可以了，要求太高而达不到，并没有什么实际意义。个别人若想对于版本学知识有更加深入的了解，黄永年先生另有《古籍版本学》一书即将出版面世，是在当年的繁本讲义基础上又做了新的增订。

这部"版本学"讲义，虽然比较简单，却很系统。其中很多问题，都是黄永年先生第一次加以系统梳理。如谓明代文学上前后七子的复古运动，促成了翻刻仿刻宋本古籍的需要，于是，出现了仿宋浙本字体而又因印刷技术进展而呈规范化特征的嘉靖本字体，同时，由于倡导其事的都是苏州的文人，于是使嘉靖本出现了地域上以苏州为中心向外传播，刻书者以家刻为主导向官刻、藩府刻、坊刻辐射的传播扩散方式。又如，谓明万历本肇始于徽州商人，后随着徽商的活动而向南京、杭州等地传播；徽商刻书又常请苏州文人为其主持校勘，所以很快风行江浙并影响全国，等等。凡此，都是融汇各方面的历史知识，来揭示版本学这门看似纯经验学科的内在发展因素。从中可以看出，较诸前人只是一一罗列版刻现象的著述，黄永年先生通过这些紧密结合当时社会历史状况的规律性认识，自然已经建立起科学的版本学学科体系。

由于黄永年先生已有数十年的古籍收藏经验，所以他的这部"版本学"讲义，不仅有很好的学科理论建树，还有许多源自多年揣摩的独到见解。如宋代版刻有浙本、蜀本、建本三大系统，在版刻的字体上各有特点。浙本字体以欧体为主，这一点没有什么分歧。其余两个系统，前人普遍说建本多为柳体，蜀本多为颜体，其实多是陈陈相因，似乎并没有什么人真的深加考究。黄永年先生则凭借自己的书法功力和多年收藏、研究唐人碑拓的体会，指出建本多为颜体，蜀本是以颜体为主而撇捺长，略带有柳公权的笔意。——第一次讲清了宋代版刻的基本字体特征。讲义中类似的精彩见解还有许多，如清代前期的写刻本，过去讲版本的人往往称之为软体字，黄永年先生则将其划分为两类，一类如《全唐诗》《楝亭十二种》，类似法帖中之晋唐人小楷，确实可以称之为软体；另一类如《通志堂经解》《泽存堂五种》，字体不仅丝毫不软，而且点划方劲，与宋浙本和嘉靖本有相通之处，绝对不能用"软体"来概括和表述。

眼下搞文史的人，懂版本的越来越少。学生想学习，老师也不一定会讲。因此印行这部简明扼要且科学系统的讲义，已经是一种很迫切的需要。假如以后学习文史的学生，能够充分吸收了这部"版本学"讲义所提供的版本学知识，那么，至少可以在一定程度上，改变当前引述古籍标注版本千奇百怪的混乱局面。

按照我在前面的理解，可以把"碑刻学"视作对目录学中石刻史料的特别讲述。讲义分设"绪论""分类""拓本""史料""书法"五个专题，进行讲述。"绪论"讲碑刻学发展史、研究对象和领域，以及主要参考书籍和学习方法，其"参考书"部分，择取审慎且多精到评语，不仅对于初学者最为重要，文史研究者也可时时取以参考。"分类"和"拓本"两个专题，是关于碑刻形式本身的基本知识，最裨益实用。其"书法"部分，以碑刻为主论述书法渊源流变，发自累年揣摩，故融通畅达，胜义迭出。

"碑刻学"讲义中直接关系到利用碑刻史料从事研究的内容，为其"史料"部分。除论述碑刻记郡望、世系不尽可信，职官、地理对于史书多有订正增补，以及利用碑刻资料抉隐发微最有价值之外，黄永年先生在这一专题下，还针对一些人"重碑刻文字重于史书"的"偏见"，特别强调指出："据碑刻治史事者贵有通识。欲具通识，则非熟于史书，且受史学研究之严格训练不可。即以史料而言，完整之史书亦高于零星之碑刻万万，治史者自当以史书为主，然后旁采碑刻以为辅，不宜媚俗趋时，颠倒主次。"其实治史者之通识，首先应当建立在对于史料的通识的基础上，若非熟悉各种史料，岂能做到像黄永年先生这样具有如此清醒的头脑？反过来看，我们不妨胡乱猜想，那些过分强调出土文献资料如金文、简帛、敦煌吐鲁番文书等史料价值的学者，会不会是因为对传世基本史料熟悉得还不够十分透彻方才舍本逐末的呢？

由于碑刻之学确实中衰已久，不惟国内，海外也久已无人董理，有日本学者看到20世纪80年代的油印本后，即将其译为日文正式刊出，所以，它早已是日本学生学习碑刻学的入门书籍。相比之下，此前这份讲义在国内只是于1999年在《新美术》上公开发表过，研究文史的人很少看到，影响还不及日本广泛。相信这次收入《古文献学四讲》，能够很快使它发挥应有的作用。

最后谈谈"文史工具书简介"讲义。给学生讲文史工具书，看似简单，却更显见识。黄永年先生这部讲义，一如前述三种，首重简要，而不是贪多求众，一味侈陈书目。因为这是入门书，滥举书目只会使读者无所适从，简而得要，方最便读者。除了简要之外，这个讲义与常见的文史工具书介绍书籍相比，还特别体现了黄永年先生重视第一手基本文献以及强调直接利用古代高水平著述的读书主旨。如查找古代文字的应用实例，首推利用《说文解字义证》汇集的资料；查找古代俗语的使用情况，首举翟灏《通俗编》和钱大昕《恒言录》；查找历史人物直接利用正史人名索引，等等。循此路径，能够更直接地贴近历史，获取更为可靠的历史信息。

从读硕士到读博士，我一直在黄永年先生的直接指导下读书学习；从事研究工作以来，深为能够遇此名师得以打下文献学基础而庆幸。现在这些精彩的讲义印行于世，有志学子，当可人手一编，共承嘉惠。我们在感谢鹭江出版社的同时，也期望着出版界今后还能再多印行一些这类高水平的治学基础入门书籍,如前述朱师辙著《清代艺文略》,就应列入其中。不积跬步,无以至千里,根深自然叶茂。走对路径,打牢基础,才能做好学术研究。

黄永年先生对中国古籍版本学的贡献

各位朋友：

大家好。我们今天聚集在这里，纪念黄永年先生逝世十周年。

本来，但诚先生希望我综合谈论一下黄永年先生在文史研究各个方面的成就和贡献，这样，我们大家就能够更加全面地回顾黄永年先生走过的学术道路，从而更好地继承和阐扬他的学术精神、学术方法。

可是，黄永年先生的一生，纵情驰骋于古代文史研究的各个领域、各个时代，学术博大精深，而我这个不才弟子很不合格，没有能够很好地学习和领会先生丰富的学术成就，实在谈不出什么。

时下门生故旧缅怀师长，有很多人喜欢泛泛颂扬，甚至"神化"逝去的前辈，特别是自己的老师，而不是讲述切实的心得。

譬如，前不久我们就见到，有人甚至搬出了我们这一辈人非常熟悉的"天才论"，同时重新举起"超天才"的招牌，颂扬其师已经超越"纯粹的天才"而"自创一套卓越的史学方法"。"天才论"是什么？我们在座的年轻朋友，若是平常不大注意当代史，大概都不会知道。其核心言论，我小时候差不多是天天背的。

了解我们这一代人的经历，各位朋友也就很容易想象，当我看到这样的"天才论"文字竟然堂而皇之地在学术期刊上正式发表出来的时候，会感到多么恶心。

话说到这个地步，借用一个历史政治术语来评述，就是"事情正在起变化"。那么,起了什么变化呢?这个变化,就是由"神化"变幻成了"神话"。我觉得,在学术问题上,这样讲"神话"很不好,除了给自己"拉大旗做虎皮"之外,实际上无助于从前辈学者那里汲取到更多的营养,反而还会损害前辈学者的形象,造成盲目崇拜的社会效果,让这些空洞、同时也难免大大言过其实的颂扬话语,误导听众或是读者,给学术研究带来消极的影响。

我是个书呆子,不喜交游,也不善交游,直接接触到的学术前辈很少;同时,读书也不是很多,见闻都很有限。不过就我十分有限的经历而言,在面对面见过的文史学者当中,还没有什么人的学养比黄永年先生更为丰富;在读过其著述的与他同龄以及年龄更小的学者当中,也就是在上个世纪二十年代以后出生的这批学者当中,在学养上也没有什么人可超出其右。当然这只是我个人狭隘眼光之内的"见识",眼皮子浅,"见识"自然低,与学术界高人的"公论"是完全不同的两码事儿,也绝不会相同。

当然学养丰富并不能等同于学术见识高深,有学养而乏见解的学者亦大有人在,但没有足够的学养而能成就大师般的学术成就,孤陋寡闻如德勇,则未之见。我绝不相信在贫瘠的荒漠上会生长出参天大树。更老一辈的史学名家,如王国维、郭沫若、胡适、顾颉刚、吕思勉、杨树达、陈寅恪、陈垣、余嘉锡、孟森、唐长孺、邓广铭等各位先生,莫不博雅深醇。有此学养,方能成就如彼学业。尽管如此,谈到先生对具体问题的研究,则非与学术界同行的相关研究仔细对比,便不宜轻谈是非和得失,更无法与并世学者衡量轻重。对于我来说，稍微能谈上几句的，只是先生的古籍版本学研究（这在先生的众多研究成果中，只占很小的一个角落），所以，就来和大家简单谈谈黄永年先生对中国古籍版本学研究的贡献。

首先需要说明，今天我在这里讲的基本观点，本来是由同门学长贾二强先生提出的，即从总体上看，科学的中国古籍版本学的发展，迄今为止，大致经历了如下三个阶段：第一阶段，其代表性学者为王国维先生；第二阶段，其代表性学者为赵万里先生；第三阶段，其代表性学者为业师黄永年先生。

王国维先生的代表作，是《五代两宋监本考》《两浙古刊本考》以及《覆五代刊本尔雅跋》《宋刊本尔雅疏跋》《宋越州刊本礼记正义跋》《旧刊本毛氏注疏残叶跋》《宋刊本三国志跋》等文章。

黄永年先生总结说，王国维先生"抓住宋刊本中的浙本尤其是其中的监本作为研究的重点，不仅依据现存的印本，而且能广搜文献中的资料并加以条理化，使人们读后对五代宋以来刻本的发展趋势了然于心，从而将我国的古籍版本这门学问引上了科学的道路。其贡献绝非叶德辉、孙毓修及其他旧式版本专家之所能企及"。

黄先生又说，从王国维先生的研究起，中国古籍版本学的研究，才"开始走上科学道路"（此说见业师《百年来的中国古文献研究》）。这些论述，言简意赅，清楚指明了王国维先生在版本学研究上的历史地位，同时也指明了当代学者对中国古籍版本学进行科学研究的出发点和赖以立足的基点。

王国维先生虽然为中国古籍版本学的研究开辟了一个科学的方向，但就一个学科的体系化建设而言，他所做的研究还仅仅是开始。真正使中国古籍版本学研究在科学的道路上走向系统化的学者，是王国维的学生赵万里先生。

赵万里先生对中国古籍版本学研究的贡献，主要体现在1952年发表的《中国印本书籍发展史》一文中。同年下半年，北京图书馆举行"中国印本书籍展览"，赵万里先生改写此文，作为展览目录前面附加的"说明"，刊印在当时印行的《中国印本书籍展览目录》的前面，对中国古籍版本的总体发展状况，进一步做出了科学的说明。因此，这一年，可以说是中国古籍版本学研究进入全新阶段的重要年份。

另一方面，赵万里先生对中国古籍版本学研究的贡献，还有很多具体的内容，都是体现在他主持编著的《中国版刻图录》上（这部《中国版刻图录》最初是在1960年10月由文物出版社出版发行，后来反复重版再印过多次，现在性价比最佳、对于学者来说使用起来最为便利的是日本京都朋友书店在1983年9月的精装重印本）。在《中国版刻图录》的前面，有一篇序文，作者署名曰"北京图书馆"，但实际上出自赵万里先生的手笔，文中概述中国古代版刻发展源流，同样是依据《中国印本书籍发展史》一文改写，不过文字内容似乎不如《中国印本书籍展览目录》的"说明"更为详明。

通过这些论著，赵万里先生为中国古籍版本学建立起一个初步的学科体系，但认识还很不完善，存在相当严重的薄弱环节，同时也还有一些相当重要或是关键的要素，有待做出明确的说明。

黄永年先生的古籍版本学研究，继承了王国维、赵万里先生的研究路径，把对历代版刻特点和版刻发展规律的研究，置于中国古代历史文化发展的总体背景下加以考察。除了大量具体典籍的版刻辨析之外，其更重要的成就，是从宏观视野出发对中国古籍版本学学科体系的构建。

这些宏观性研究，主要体现在所著《古籍版本学》一书中。这部书的正式出版，虽然已经迟至2005年，但相关内容，从1978年在陕西省给古籍专业人员的讲习班授课开始，即已基本写定成文，其印本则先后有内部油印的"简本""中本"（指篇幅介于简、繁两种文本之间）和"繁本"几种简繁程度不等的印本，以适应不同的授课需要，在学术界广泛流传（其中的简本曾编入邓广铭先生主编、在1990年正式出版的《中国历史知识研究手册》，亦收入黄永年先生在2003年出版的《古文献学四讲》一书当中）。此外，黄永年先生和贾二强先生合著的《清代版本图录》，也对清代版刻提出很多具体看法，与《古籍版本学》的清代部分相辅相成，可以对读。

若是在这里做一个简单且很不完全的概括,可以把黄永年先生对中国古籍版本学建立和发展所做出的主要贡献归纳如下。

(一)明确研究古籍版本特征的主要着眼点

关于这一问题,世人所云,往往端绪纷杂,不得要领。黄永年先生则明确指出了如下三大要素:(1)字体;(2)版式;(3)纸张。

这些要素,科学、简洁、明了,而且具体处理这三大要素时着意的层次非常清晰,尤其便于学者掌握。在赵万里先生的研究中,根本没有做过这样具体的表述。事实上,赵先生对一些不同系统版刻的重要特征,尚且缺乏正确的认识。在其他一些学者编纂的版本学著述中,虽然做过一些相关的说明,但论述都比较含混杂乱,实际上没有一个清楚的头绪。

(二)进一步完善赵万里先生总结的宋元本体系

在这一方面,黄永年先生所做的具体工作,首先是清楚归纳总结了宋、金、元各个时期的刻本以及古代活字本的版刻特征,也就是从上面所谈到的研究古籍版本特征的主要着眼点入手,准确概括并清楚指明宋元时期各种主要版刻在字体、版式、纸张等方面的基本特征。

在字体、版式和纸张这三大要素当中,纸张这一要素最简单,也最直观,但在当今中国公藏古籍管理体制下,学者想要掌握这一点反而最难。黄永年先生论述中国古代各个不同时期的版刻特点,在上述三大要素中首重字体,其次是版式,最后才是纸张。这样的安排,首先是基于这三大要素重要性大小的先后次序。字体，一时一地都各有其风格，独特性最强。相比之下，版式的独特性就要稍微弱一些。所以，辨识古籍版本雕刻的时代特征和地域特征，就要一看字体，二看版式。

除了这种最深层的原因之外，还有一项古书印制方面的技术性缘由，即雕制书版的年代与刷印书籍的年代并非总是合为一体，往往是会分离开来的，甚至相差很久。雕印书籍，在版片雕成之后，只要不受严重的损毁，可以反复多次刷印，以致南宋时期镌梓的书版，可以一直沿用到明朝，甚至清朝。在通常情况下，元朝、明朝或者清朝用宋朝旧版刷印的书籍，使用的应当是当时生产的纸张。这样一来，仅仅依据纸张，就很难确定一部书籍的版片到底是什么年代雕制的。

在《古籍版本学》一书中，黄永年先生对各个历史时期和各个特色地域版刻的字体、版式，都做出了科学的归纳和明确的表述。就字体而言，如宋浙本为欧体，建本为颜体（具体而言，是指颜氏早年匠气浓郁的《多宝塔碑》一路，而不是晚年技艺成熟的《颜氏家庙碑》和《颜勤礼碑》那一路），蜀本则或在颜体架子上撇捺长而尖利，亦即渗入一定柳体成分，或撇捺不太尖利而点画比较古拙，等等，版式的情况也是如此。这样，古籍刻本的字体、版式衍变，就有了一个规范化的体系，而这样的体系，是此前赵万里先生未曾清楚揭示并且事实上也缺乏透彻认识的，如对宋代的版刻，他只是很概括地划分了宋刻本的地域体系，而对各个区域的版刻特点,并没有具体的说明。

需要指出的是,这样的工作,不是随便哪个人想做都能做出的,除了眼光敏锐、思维明晰、学养深醇这些一般性基础之外,黄永年先生之所以能够做出这样的总结,首先是与黄永年先生从少年时起徜徉书肆收藏古刻旧本(包括影印本)的经历有关。这样的经历,使得先生能够通过常年的揣摩而获有心得。

另一方面,黄永年先生能够对历代版刻的字体得出这样的认识,也是基于他在中国古代书法和碑帖方面的良好造诣。就像收藏古刻旧本一样,黄永年先生也从很小的时候就开始收藏、赏玩石刻拓本,从事文史研究后更对书法、碑刻做出过精深的研究,撰著有系统性的论著《碑刻学》(在日本刊印有日文译本)和《书法源流杂论》,其他相关专题研究论文还有《评〈樊敏碑〉与唐〈樊兴碑〉》《吴故衡阳郡太守葛府君碑额考释》《记话语楼旧藏〈马天祥造像记〉》《叶昌炽所藏宋拓〈云麾将军李思训碑〉辨伪》《读唐刘濬墓志》《所谓"永贞革新"》等。另外,黄永年先生还自幼临池习书,有自己的实际体验,绝非无根漫谈。

我在这里特别强调指出这一点,是因为有一些自视知晓古代书法或是碑版文字的人,以为黄永年先生不懂书法,从自己的理解出发,对黄永年先生总结的古代版刻文字特征颇有异议(如上海某版本专家就当面向我表述过这样的看法)。希望各位朋友了解,黄永年先生不仅懂书法,而且对书法、碑刻的源流还有很深入的研究，提出过很多独到的见解，所说都是心得之言。

当然，更准确地说，所谓欧体、颜体云云，都只是说书版上镌制的字迹，在风格上从属于欧阳询、颜真卿这些著名书法家的路数，而不是和他们本人的墨迹完全一致。了解碑刻的朋友应该很容易理解，欧阳修早就讲过，即使是像颜真卿、柳公权这样一些名家书丹的碑文，字体亦时时与其手迹颇不相类，盖"由模刻人有工拙"使然也（欧阳修《集古录跋尾》卷五"唐薛稷书"条），亦即刻碑工匠的技艺，使得碑上的文字与手书的字形产生了不同程度的差距。雕版刷印书籍，是一个远比打造石碑更具规模的手工业行当，因而书手写样和刻工雕制书版的工艺、技术，自然会有普遍通行的程式化色彩，也就是形成一种特定的套路，这就是不同于当今习练毛笔字者所熟悉名家碑帖韵味的"匠气"。若是一定要以彼律此，自然无法领会黄永年先生所说各种版刻字体的风格和特征，借用欧阳修的话来讲，这样的人，或可谓之曰"好而不知者"（欧阳修《集古录跋尾》卷五"唐薛稷书"条）。

宋元本是传统古籍版本研究的核心内容，或者更准确地说，是绝对主体的内容。经过黄永年先生的努力，相关内容，才有了一个比较完善的科学体系，为古籍版本学研究的进一步深入发展，奠定了丰厚而又坚实的基础。在此基础上，可以有效地开展多方面的研究，拓展出很广阔的研究空间。近若干年来，国门内外，颇有那么一大拨人奋身而起，研究所谓"出版史""印刷史"问题，一时间颇显时髦，然而对相关出版印刷的基础，却多懵然无知，不过略一翻检诸如张秀民先生著《中国印刷史》这样的概述性读物，就放胆发挥，讲出许多不着边际的大道理来。这当然不会取得实质性进展。这是个很大的问题，今天无法在这里展开论述，只想通过一些具体的例证，来简单谈一下黄永年先生的研究成果在传统的古籍版本鉴定方面的重要价值。

例如，在台北故宫博物院收藏有一部《增修互注礼部韵略》，在上个世纪三十年代，著名版本大家傅增湘先生，给此书撰述题跋，曾将其定作南宋"国子监所刊之本"。南宋国子监在临安府，也就是现在的杭州，自然是最典型的浙本。宋代的监本，几乎无一例外，都是浙本通用的欧体字，可是我们来看这部《增修互注礼部韵略》，却是版刻中典型的所谓颜体字，而这种颜体字正是建阳书坊通用的字体，按照黄永年先生的研究，二者之间，区分极为明显，哪怕是稍一揣摩其书影，都很容易看出，这部《增修互注礼部韵略》必属宋建本无疑，当年傅增湘先生竟做出了这种在今天看来十分荒唐的判断。其实我在这里想要谈论的问题并不是傅增湘先生，而是台北故宫博物院的研究人员，由于他们只读过赵万里的《中国版刻图录》而并没有吸收黄永年先生的研究成果，以致在今天仍然沿袭傅增湘先生的错误说法，称道"此版实为嘉定癸未国子监所刊，并为此书之首版"（台北故宫博物院，2006年出版，林柏亭主编《大观——宋版图书特展》）。由此可以看出，对宋代版刻体系有没有一个清晰的认识，会给实际的版本鉴定带来完全不同的结果。

下面我再讲一个前不久遇到的问题，向各位朋友说明黄永年先生揭示的宋代版刻体系对辨别版刻属性的作用。这个学期，我在北大给文史研究生讲"版本学概论"课程，授课期间，赶上嘉德公司有一场古籍拍卖会（2017年春季拍卖会），会上拍一件宋刻《通鉴纲目》的残本。课间，一位同学向我询问这件拍品属于南宋哪一地域的刻本。看这个刻本字作欧体，似属浙本，可是宋浙本的版式通常都是单鱼尾，这个本子却是双鱼尾，显得不伦不类。我在版本鉴定方面本来就没有多大能力，更缺实践经验，加之当时没有仔细看，所以没有做出清楚的解答。后来接到嘉德公司寄给我的拍卖图录，注意到图录上引述有华东师范大学严文儒先生的考证结果，论定此本为南宋嘉定己卯知州真德秀于泉州主持刊刻的版本，即属于泉州地方官梓行的官刻本，此即时人晁公武所说"真德秀刻于泉南"者也（袁本《郡斋读书志》卷五·上）。这样，我再复按黄永年先生的论述，比较明确地向学生解释了它的版刻属性。

黄永年先生在论述宋建本时，把福建一地的版刻，区分为两大类别。一类是所谓"建本"针对的具体对象，即建阳书坊的坊刻本，而另一类是当地的官刻本。之所以做出这种区分，就是因为这两类刻本的版刻特征具有明显区别。我想若是用一句话来概括表述的话,可以说福建官刻本的字体和版式是介于建阳坊刻和浙本官刻之间。指出这一总体特征至关重要,也极有见识。由此出发,我们就能很好地理解,在这部福建官刻的《通鉴纲目》中,同时出现浙本官刻的欧体字和建阳坊刻的双鱼尾,这是十分自然的事情,它充分体现出这类刻本介于浙本官刻和建本坊刻之间的复合性和过渡性。

从这一内在特征出发,我们还可以根据这部《通鉴纲目》,对黄永年先生所做的归纳稍加增补。这就是限于当时条件,所见宋刻本书籍不够十分充分,黄永年先生在分析福建官刻本的字体特征时,仅仅指出有的同于坊刻的颜体字,有的则虽有颜体字的格局,但不如建阳书坊刻得那样整齐好看,亦即有所偏离。现在可以补充的是,在福建官刻本中,有些版刻的字体,会与浙本官刻相同,以欧体字梓行。当然,对这部书的属性还可以进一步考究,若是结论改变,我的这种推论也就没有什么意义了。

下面我们再来看一个元代刻本的例证,进一步说明有了科学的体系,才能全面推进科学的认识。在《中国版刻图录》一书中,作为元代杭州刻本,收入一种《古杭新刊的本关大王单刀会》。但这既是赵万里先生对乃师王国维先生旧说的承袭(此说见王国维《两浙古刊本考》),同时也是受到书名中"古杭新刊的本"字样的蒙蔽,很有些"望文生义"的味道。

不管怎样，这一判断显示出赵万里先生未能深入总结元代建阳书坊独特的版刻特征并将其用于版刻鉴别。

这个《关大王单刀会》，本是元曲选本《古今杂剧》三十种中的一种。在这三十种曲目中，有四种书籍，在实质性的书名前面冠有"大都新编"或"大都新刊"的字样，还有七种缀加有"古杭新刊"和"古杭新刊的本"的字样，此《关大王单刀会》即为其中之一。

对此，黄永年先生研究后指出，这些带有"大都新编""大都新刊"和"古杭新刊""古杭新刊的本"字样的书籍，绝不是刻于北京或杭州，从他总结的字体和版式这两大重要版刻特征来看，实际都应该是建阳书坊所刻，前面加上大都、古杭等字眼，是自诩其本出于大都、古杭，以广招徕而已。我们若是再放眼看一看南宋时书坊刻书就有在书名前冠加"监本"的传统，就很容易理解这本来是书坊一贯的招摇手段，无非是为了抬高身价而做的自我吹嘘，明白黄永年先生所说是一种通达的看法。

正是基于对历代各地版刻特征的整体把握，黄永年先生才能够在1979年审核西安市文管会收藏的一些古刻旧本残页时，从中发现了元建阳书坊刻本《新编红白蜘蛛小说》的一张残页（今藏西安博物院），清楚判明其刊刻年代和地点，使人们第一次看到了宋元时期刊刻的"小说话本"的真实面目，成为二十世纪小说研究资料上的一项重大发现，可以帮助我们澄清很多重要的学术问题。就个人的学养和研究能力而言，能够做出这一发现，不仅显示出黄永年先生精湛的版本学造诣，同时也体现出他的丰富学识。

据《都城纪胜》和《梦粱录》记载，南宋临安的"说话"，包括"小说""说经""说参请"和"讲史书"四家。这四家"说话"用的脚本就叫做"话本"。当时编写以及刻印的话本，流传下来的主要有：

说经——《大唐三藏取经诗话》《大唐三藏取经记》；讲史书——《武王伐纣平话》《三国志平话》等(有所谓《全相平话五种》)；说参请——《东坡居士佛印禅师语录问答》。

上述这类读物，传世较早刻本，基本上都是元代甚至宋代书坊所刻。如《大唐三藏取经诗话》，就有南宋临安府书坊刻本存世。唯独"小说"一类，旧时所见，都是明代嘉靖以后编刻，如《清平山堂话本》以及《三言两拍》之类，元刻《新编红白蜘蛛小说》的发现，为研究宋元小说话本，提供了比较原始的早期实物资料。

黄永年先生曾撰写《记元刻〈新编红白蜘蛛小说〉残页》一文，阐释这一发现的学术研究价值。先生在文中记述其版本特征说：

字画作圆劲的颜体，一看便知是元代福建建阳书坊所刊刻。

同时附注说明云：

福建建阳书坊刻本在南宋时已一律用颜体字，到元代所用颜体更为圆劲，这是元建本的主要特征，与南宋浙本之概用欧体、元浙本之多用赵体者截然不同。

这些话都清楚体现出黄永年先生成熟的版本学见解，是以通则推定个案的成功范例。

（三）填补赵万里先生未曾致力的明清刻本体系

赵万里先生对宋元版刻体系的认识，虽然做了重要的开创性的工作，但对明清版刻的研究，却用力无多。在这方面，黄永年先生很大程度上是率先填补了这一大片学术空白，独立构建起明清刻本的体系。黄永年先生在这方面的贡献，主要体现为如下两项。

（1）把明代版刻划分为前期（明初至弘治）、中期（正德、嘉靖、隆庆）、后期（万历至崇祯）三个时期，总结各个时期的基本特征。

（2）综合考虑各项复杂的因素，把清代刻本划分为前期（顺治至雍正）、中期（乾隆至咸丰）、后期（同治至宣统）这三个大的时期，同时归纳出各个时期的主要版刻特征。

在这些研究中，黄永年先生都能秉承王国维、赵万里两位先生开辟的科学化路径而不断有所创新。例如，明代正德、嘉靖、隆庆三朝出现的新的版刻特征，亦即所谓"嘉靖本"的出现，是中国古代版刻史上一次重大的"革命性"巨变。黄永年先生深入探求潜藏于其背后的文化因缘，在《古籍版本学》一书中指出：

> 众所周知，当时文坛上"前后七子"在倡导复古运动，李梦阳、何景明等"前七子"都是弘治年间的进士，李攀龙、王世贞等"后七子"之结合则在嘉靖时，这个从弘治历正德、嘉靖到隆庆的复古运动，正和此明刻书事业的中期正德、嘉靖、隆庆三朝在时间上相吻合。而"文必秦汉，诗必盛唐"正是这复古运动的主张，文人们不再满足于《四书》《五经》和当时人的诗文集，要求多读古书。
>
> 古书的旧本在这时已流传不多，不易购取，就需要翻刻。要翻刻自然会取材于校勘比较精良的南宋浙本，在字体和版式上也就跟着受这宋浙本的影响。再加上黑口赵体字的本子从元代到明成化、弘治已历时二百多年，日久也人心生厌而思变。我认为这些都是使明代版本在这时起个大变化的原因。

这样的分析，与王国维先生和赵万里先生相比，要深入很多。在《古籍版本学》一书中，类似的论述还有很多，不仅充分体现出黄永年先生的深邃学术眼光，也显示出其广博的知识构成。

统观王国维、赵万里先生以来直至黄永年先生的研究，我认为，在这三代学者当中，黄永年先生对古籍版本学体系建设所做的贡献最多，也最为重要。如果选取一部著作作为这一学科的标志的话，可以说，至黄永年先生撰就《古籍版本学》一书，才真正建立科学的中国古籍版本学学科体系。这就是我对黄永年先生古籍版本学成就的总体评价。

2004年调到北京大学历史系工作以后，我一直用先生的著作为教材，给研究生讲授古籍版本学知识。在备课过程中，反复研读黄永年先生的古籍版本学论著，对先生为这一学科所做的贡献，略有心得，故简略陈述如上，聊表对先生的钦敬，以为纪念。

谢谢各位朋友。

2013年5月31日草稿
2017年6月3日下午讲说于上海古籍书店
2017年7月23日修改定稿

1952年10月中央人民政府文化部文化管理局出版 《中国印本书籍展览目录》

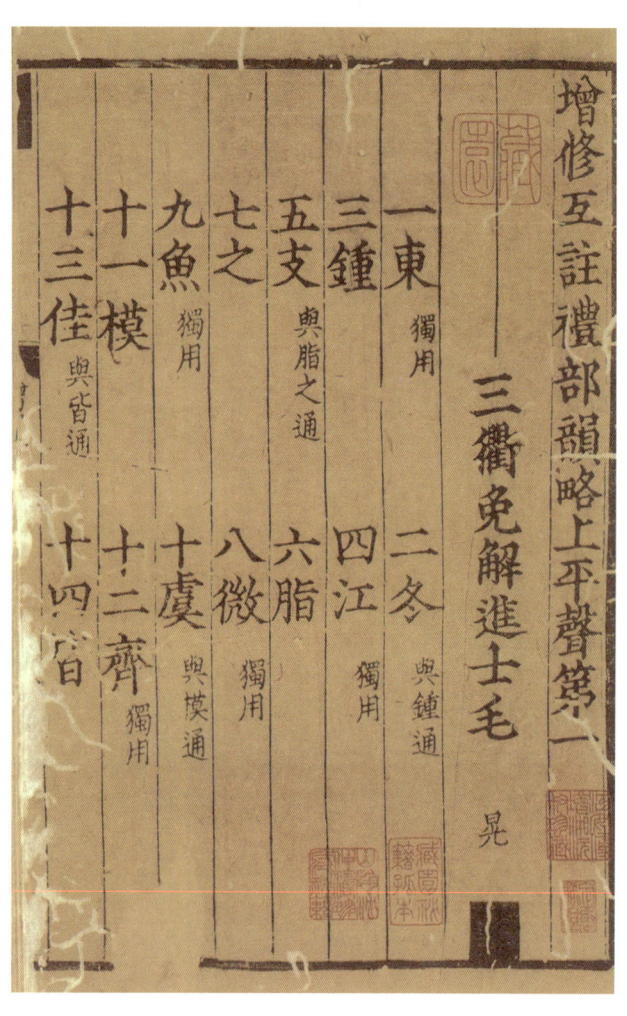

台北故宫博物院藏宋刻本《增修互注礼部韵略》与傅增湘先生的跋文

此本據魏鶴山集老氏增韻跋知為嘉定十六年癸未國子監刊本乃其子居正出家藏原稿付梓者在是書為第一刻昨歲於廠肆富晉書社見一宋本其行欵與此悉合而字體已超工麗即從此本覆雕惟卷末雲間洞天牌記審為偽造補入北平圖書館藏有宋刊行格与同然韻字蟬聯而下不空格不分排正標題已別居正重增一行共授梓當在此本之後善麌宋樓所藏板匡縮小行欵改移審為元版而冒題宋刊更不足論矣余致此本諸家著錄皆不之及且當

南宋嘉定己卯温州知州真德秀于泉州官刻《通鉴纲目》

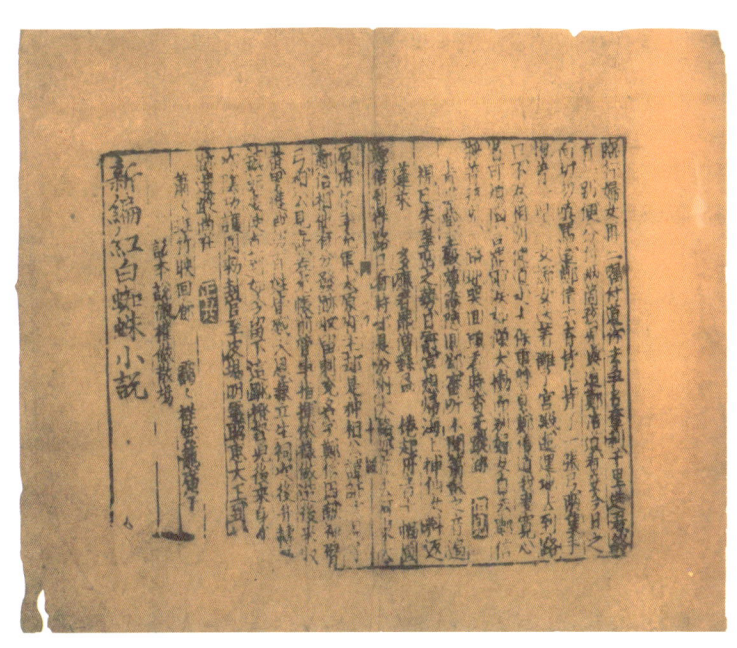

元刻本《红白蜘蛛小说》残页

元建阳书坊刻本《古杭新刊的本关大王单刀会》

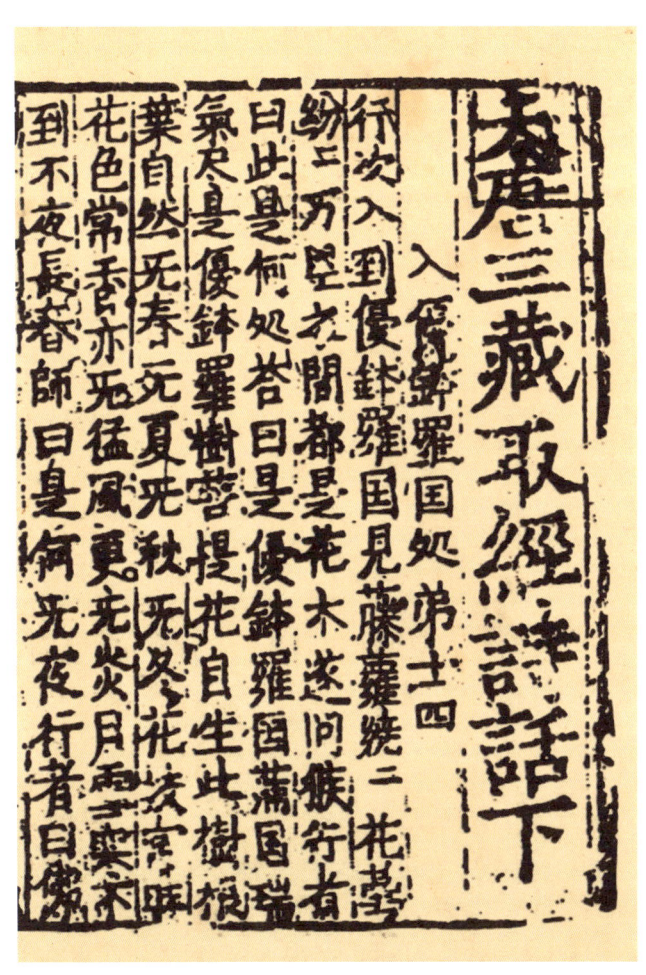

宋代临安府中瓦子街张家书坊刻本《大唐三藏取经诗话》

由杨守敬的《论语》跋文谈到黄永年先生对古籍版本学的贡献

中秋漫长的假期就要结束了。闲翻书,捡起一本影印的宋版《论语》看。看这书,是因为这段时间见识了一些卑劣小人的鬼蜮伎俩,想读读孔圣人的书,消消溅到身上的污秽。

很多年前,在一部汲古阁《十三经》本的《论语》上,看到钤有这样一个印记,文曰"从此须做天下第一流人物"。要做天下第一流人物,谈何容易,但取法于上,仅得其中,至少多读读《论语》就更不会把那些腌腌臜臜的小人看在眼里。

《论语》确实不像其他那些经书,不艰不涩,好读,也好懂。半天,就读了一遍,确实让人心胸舒展,大有扬清激浊、荡去滓秽的作用。具体的学术收获,是对孔夫子的礼、法观念,有了一些具体的体会。不过此事说来话长,以后有合适机会时或许会稍微谈论一下。

翻到卷末,看到一篇杨守敬的题跋,内容引起了我的兴趣。这本《论语》,是福建人民出版社所出《宋元闽刻精华》中的一种。打开书来,一看字体、版式等项要素,我也看出这是一部非常典型的福建建阳书坊刻本。可不是吗,不是的话,人家怎么会印它。

不过我是从黄永年先生那里学到的这些知识,生在黄先生之前的杨守敬,就不这样看待这部书的版刻问题。题跋一开头,杨氏就写道:

右宋《监本纂图互注(註)论语集解》。序后有"刘氏天香书院之记"

八字木记,又有《鲁国城里之图》一页。

不仅不是坊刻,还被认作了国子监刻本,也就是所谓"监本",这码子可真差得太大了。

黄永年先生论古籍版本鉴别,首重字体,对宋刻本尤其如此。杨守敬跋文里的"监本"二字,虽然是照录原书卷端的题名,但作为一位著名版本专家,在写题跋时理应首先辨别其版刻性质。杨氏这篇题跋洋洋洒洒写了整整十页纸,除了上述内容之外再未谈及其版刻性质,这就说明他是认可了这"监本"的属性。不然的话,对他照抄下来的"监本"二字,总应有所辨识。

按照黄永年先生总结的版刻特征,不拘北宋、南宋,其国子监刻本的字体,都是欧体字,而这部《论语》却是建阳书坊惯用的颜体字,与监本差别明显。北宋的国子监在东京开封,南宋的国子监在临安府(杭州),建阳书坊则僻居东南一隅之地的建阳,地域的区隔也十分明显。问题出在当时的版本学者还没有清楚的版刻地域体系意识,对版刻主持者的身份亦即所谓官刻、家刻和坊刻这三大体系同样缺乏清楚的意识。

此前在《黄永年先生对中国古籍版本学的贡献》(收入拙著《翻书说故事》)一文中我曾指出,稍晚于杨守敬的另一版本大家傅增湘,也把典型的建阳坊刻《增修互注礼部韵略》定作南宋国子监刊本。如果我们放开眼光，再向杨守敬之前进一步追溯，则可以看到，清代中期的天下第一大藏书家黄丕烈，也是这样看待此等版刻问题。当年黄丕烈得《监本纂图重言重意互注点校毛诗》，也是径以"监本"视之，宣称"监本之名，从此识矣"。值得注意的是，民国年间大藏书家周叔弢收入黄丕烈旧藏之本，撰写题跋，同样只是照录"监本纂图重言重意互注（註）点校毛诗"这一题名（见周一良主编《自庄严堪善本书影》之《经部》"监本纂图重言重意互注点校毛诗"条）。

出现这样的情况，当然不仅是个人认识水平的问题，而是缘于这些认识还处于古籍版本学建立过程中必然要经历的初步阶段。其实在民国初年叶德辉刊行《书林清话》之前，黄丕烈、杨守敬、傅增湘一辈人对古代版刻的认识，基本上都是所谓古董家路数，往往知其然而不知所以然，殊少做出学术性的探究，从而也就无法认识历代版刻的规律性特征。单纯就字体而言，建阳书坊的颜体字特征，经历王国维，直到赵万里时代，仍然没有清楚的认识；对书坊刊刻书籍时出于商业目的所做的标榜也缺乏合理的认识。关于这一点，我在《黄永年先生对中国古籍版本学的贡献》一文中已经讲过。

其实杨守敬在题跋里对这个刻本的描述，处处都清楚体现着福建建阳书坊刻本的特征。黄永年先生第一次清楚指明其规律性特征如下：

浙本尤其是其中官刻一般都讲究老传统，很少变新花样。建阳书坊则为招徕顾客，打开销路，在内容上也常闹新花样。……如"纂图重言重意互注"的《五经》和《六子》，也是他们编刻的经、子新读本。所谓"纂图"，是在书的前面附加图像、图解或地图。……所谓"互注"，则包括"重言""重意"两种，"重言"是把本书其他篇章里文词相同的词句互注到本文下面，"重意"是把本书其他篇章里意思相近的词句互注到本文下面。……有些如《尚书》在"纂图"云云之上还加上"监本"者，是表明其源出国子监官刻，以博取读者的信赖。……（建本）南宋前期承袭浙本多白口，中期以后多转为细黑口，前期承袭浙本多左右双边，中期以后多转为四周双边，多双黑鱼尾。……不记刻工姓名。开始用书耳。书耳便于读者翻检篇目，因为当时是蝴蝶装，黑口便于装册时折叠，都有点创造性。……南宋前期多有刻书题识。……中期以后多用牌记。

——黄永年《古籍版本学》第五章第二节《宋建本》

对照黄永年先生讲述的上述内容，尤其是他对所谓"监本"涵义的解释，杨守敬提到的什么"监本纂图互注（註）论语集解"，什么"'刘氏天香书院之记'八字木记"（这正是建阳书坊的刻书"牌记"），什么"鲁国城里之图"（即所谓"纂图"），无一不是建阳书坊刻本的典型特征。

再看看这部《论语》之四周双边、双黑鱼尾、细黑口、未镌刻工姓名，特别是带书耳这些版式特征,也都与标准的建阳书坊刻本密合无间,而这些同宋人国子监刻本是没有任何关联的。

由这样一个很具体的事例,我们能够很清楚、也很形象地看出,中国古籍版本学是在进入黄永年时代之后,才呈现出一幅清楚的轮廓的。

2020年10月8日 记

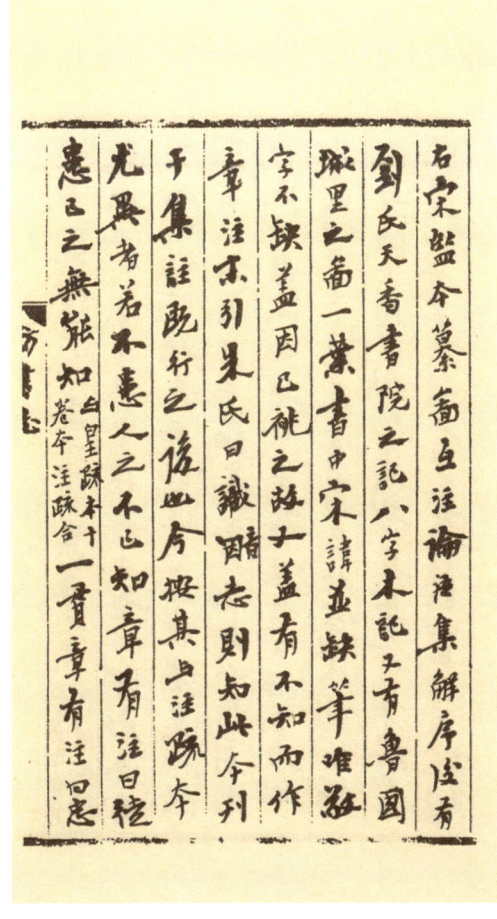

福建人民出版社影印宋建本《论语》篇末附杨守敬跋文

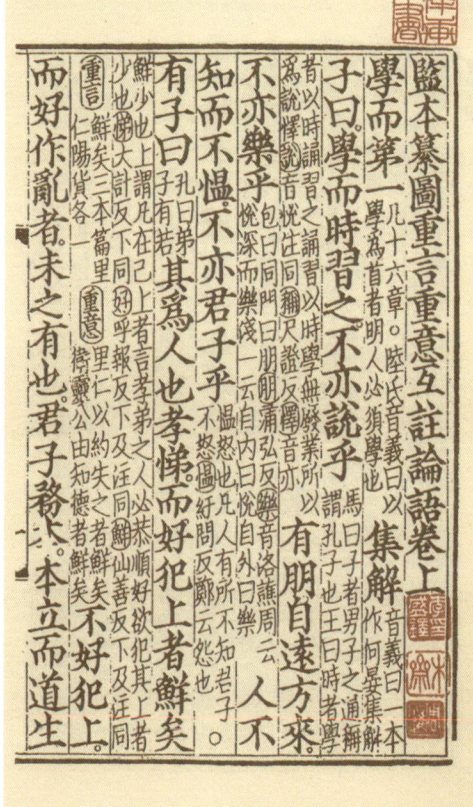

福建人民出版社影印宋建本《论语》

視儼然人望而畏之其不亦威而不猛乎子張曰何謂四惡子曰不教而殺謂之虐不戒視成謂之暴慢令致期謂之賊猶之與人也出內之吝謂之有司

孔子曰不知命無以為君子也不知禮無以立也不知言無以知人也

堯曰

監本纂圖重言重意互註論語卷下

宋刻監本纂圖重言重意互注點校毛詩士禮居舊藏原有黃蕘圃手跋不知何時佚去江劒霞氏曾見原跋於趙靜涵家并云此書已不可得余初得此書時見有求古居印又七卷六葉三行浮字改溼字遂定此為士禮居故物乃乞篤文道兄依蕘圃藏書題識補錄黃氏跋語以誌其源流今年春正月此平書友王搢青忽郵寄黃氏毛詩手跋兩通嘉痕宛然此書所佚者其德喬景熹新得之蘇州當從趙氏散出合浦珠還為之大喜過望亟命工補綴裝之首冊雖索值奇昂亦不遑計價矣

庚辰正月二十日至德周暹記於自莊嚴堪

[印：自莊嚴堪]

宋建阳书坊刊刻《监本纂图重言重意互注点校毛诗》
黄丕烈跋文（左）／周叔弢跋文（右）

此殘宋本詩經傳箋附釋文本余得諸己巳年鈔補于庚午年猶未及裝潢也頃又得一小字本大同而小異合諸延令季氏書目所云鄭箋陸德明釋文詩經二十卷八本之說正符其目又載監本篡圖重言重意互註點校毛詩六本乃得此本之名是書雖非季氏舊物而監本之名從此識矣監本亦非一刻余新得者標題監本

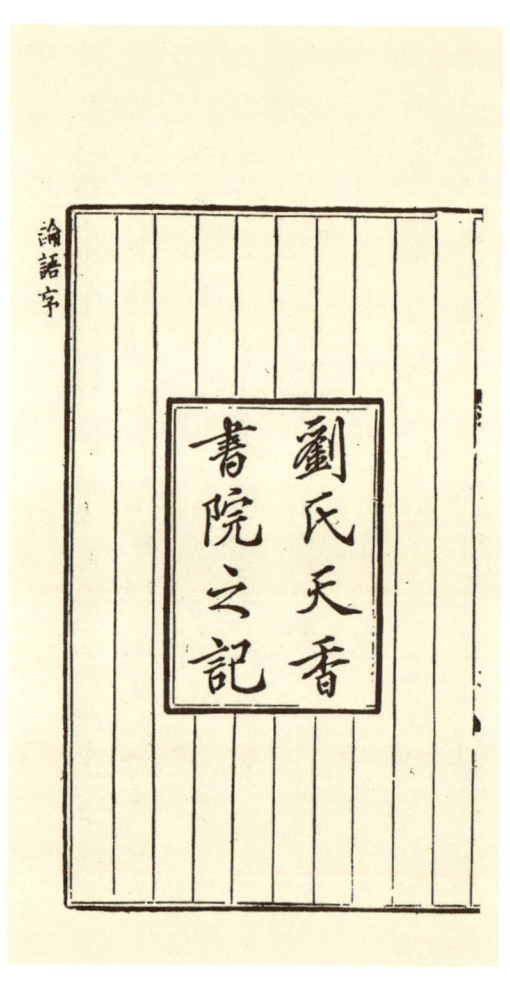

福建人民出版社影印宋建本《论语》的"牌记"

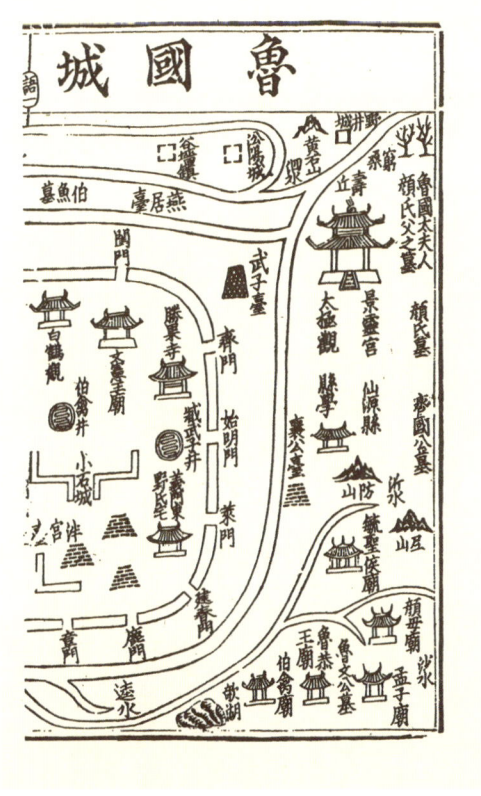

福建人民出版社影印宋建本《论语》的"纂图"

一个历史学家的藏书与读书

先师黄永年先生所藏古籍书影出版在即,出版方希望我写几句话,附缀其间,向读者谈谈业师的读书与藏书。

这部书是由黄永年先生的公子、我的师兄黄寿成编选的。当年业师和我谈起自己藏书的时候,总会说,我的儿子真是个福将,将来坐享其成,一下子就有了这么大一批好书。现在寿成师兄不仅自得其乐,还选精取粹,编出这本书影,与天下爱好者分享。先师若是在天有知,也会十分欣喜。想到这一点,作为受业弟子,感到我也更有责任向读者谈谈自己对先生藏书情况的理解,以供大家参考。

按照我的理解,堪称"藏书"的图书收藏,首先是一种人生的情趣。这是一种有意思的读书人的生活情趣,简单地讲,就是因为好玩儿才去收书,才来藏书。关于这一点,黄永年先生和我谈过多次,买一些特别的古籍旧本,犹如小朋友搜集邮票,就是觉得好玩儿。

在当代中国学坛上,黄永年先生当然是一位伟大的历史学家,其藏书自然与读书密切相关。学人藏书,当然是为了读书,也是因为先读过很多书才能很好地藏书,但学者更首先是人。一个有意思的人,才能写出有意思的文章,而在我看来,只有有意思的文章才称得上是好文章,读起来才会令人身心畅快,也才会以真心探讨和解决真问题。

现在的文史学者,一入师门,接受的都是崇高的学术目标,为国为民为世界学术,利他利世利天下苍生。可在我看来,业师黄永年先生做学问,首先是觉得好玩儿,是觉得做学问有意思。这种好玩儿的感觉,从本质上来讲,是一种探索未知领域的欲望,或者说是一种好奇心,很原始,也很本能。但这种本能不像食色之欲那样几乎人人都与生俱来,世上只有一小部分人才会有;或者说只有很少的一小部分人才不会被尘世的功利蚀掉这种本能。

基于这种本能的古籍旧本收藏,其首要着眼点是要有特色。我有,别人少有甚至没有,这就是外行人最容易理解的独家特色,其实也是古籍旧本收藏中一项最主要的特色。当年贾二强学长和先师一起编著《清代版本图录》,其中很多书用的都是先生的藏本。在翻看过之后,二强学长对我说:"几乎每一本都有花样。"这"花样",就是与众不同之处。其中最一般的,如原刻初印;更特别一些的,则有名家批注本、钞本和稿本,等等。很普通的大路本,黄永年先生一般是不会去买的。

以前我写文章谈过,业师黄永年先生一向不喜欢人家称他为版本学家、目录学家,甚至历史文献学专家。这是因为先师以为这些知识,都是文史研究必备的基础,懂这些是应该应分的,而不是什么特别的人掌握了某种人所不知的偏门绝技(现在通行的狗屁不通说法是叫"冷门绝学")。

基于这样的认识,先师搜求古籍旧本,在好玩儿、有花样的前提下,对书籍内容的选择,更多的是基于自己对学术研究的态度。在这一方面,业师黄永年先生除了一些自己特别感兴趣的领域和问题之外,主要有如下两项重要特点：一是领域非常宽广；二是特别重视骨干书籍。

读过一些黄永年先生研究著述的人们都会注意到，业师的学术视野和学术研究范围是相当宽广的，不仅不像绝大多数与其并世的历史学者那样，一辈子只研究巴掌大那么一个领域内一丁点儿的问题，而是能够上通先秦，下达近现代，几乎对中国历史的每一个时代和各个方面问题，都有一定程度的了解；更不同寻常的是，先师还文史兼通，对中国古典文学乃至各种俗文学也都了如指掌。

这么广阔的学术领域，研究和解决那么多五花八门的问题，黄永年先生到底是怎么做到的呢？难道是像古语讲的那样头悬梁、锥刺股不成？先师是个聪明绝顶的学者，恐怕从来也没做过这种"苦功"。

黄永年先生学识的积累，是在搜书、读书的过程中逐渐养成的。喜欢逛书店的人都知道，逛一次书店，往往只买一两本书甚至一本也不买，但在浏览、挑选书籍的过程中，却会翻看很多本书。文史学者逛古旧书店，更是如此。先师生长于江浙人文渊薮之地，这里也是古刻旧本的渊薮。从少年时起，业师就盘桓于古旧书铺，以后终其一生都没有改变这个嗜好。

买古书收藏和买瓷瓶子、字画等古董不同，不是单单有钱就能办到的事儿，想要买到好书需要先具备一定的文化，而历史文化知识的扩展和积累又要有广泛而深入的阅读。这就像先有蛋还是先有鸡一样，是没法清楚排出个生成的先后次序的，但现在我在这里谈论黄永年先生藏书内容的广泛性，当然不能不强调指出这种广泛性是以先生阅读和研究范围的宽广作基础的；也就是说，要想在经史子集各个方面、各个时代的书籍中都能买到好书，首先需要具有相应的学识。

听我这么讲，有些喜欢抬杠的人一定会说，不管啥书都买下来就是了，那不就啥书都收藏了，这还需要什么学识？古往今来，颇有一些藏书家确实如此，但黄永年先生却不是这样。因为他从来没有放手滥收过古籍——没有那么多闲钱买书，更没有那么多地方放书，也没有那个兴趣啥书都收。黄永年先生收下的都是各个方面的精品。

业师和我讲，他买书从来都是精挑细选的，甚至可以说是"千挑万选"，而且他还多次在课堂上讲，并且也写文章说，世上只有两种人能够真懂古籍版本：一种人是卖古书的书商；另一种是喜欢买古书的人。前者为多赚钱，需要用尽可能低的成本获取尽可能大的利润；后者为少花钱，尽可能用偏低的价钱买到质量更好的书——当然这首先是先生的"夫子自道"之语。先师能够在这么大的范围内用有限的成本挑选出特别喜爱的好书来，靠的就是自己丰富的学识。书读得多了，问题想得深了，见识也就很广很高了。这个是普通收藏家没法比的，不服也得服。

那么，黄永年先生"千挑万选"都选了些什么书呢？这就触及了前面谈到的先师藏书的第二个特点，即先生特别重视四部基本典籍。这样的藏书观念，实际上是缘于先师在学术研究中对待各种史料的基本态度。

众所周知，在中国古代文史研究领域，很多年以来的潮流，就是开口闭口谈新史料，动手动脚找新史料，出洋入地搜求新史料。好像若是没有所谓"新史料"，学术就永远停留在暗黑长夜里一无所为了。可先师的态度从来不是这样。

黄永年先生从事文史研究，终身坚持以四部基本典籍为重心。研究具体的学术问题是这样，阅读和了解古代史事更是这样。为什么？因为这些典籍载述的是中国古代历史的主干，也就是所谓"本"。舍弃这个主干，去找什么稀奇古怪的"新史料"，就是"舍本逐末"。本末倒置拿臭脚丫子当脑袋瓜用，结果可想而知。当然学问一个人一个做法，所谓各尊所闻，各行其是，我受学于先师者如此、于先师处所知如此而已。了解这一点，才能更好地看懂这部书影，更好地欣赏这部书影，也能更好地利用这部书影。

总而言之，我希望各位读者朋友透过这部书影能够看到一位卓越的历史学家是怎样藏书和读书的，这样也才能看懂这些书为什么好玩儿和好玩儿的地方在哪里。

2021年7月14日 记

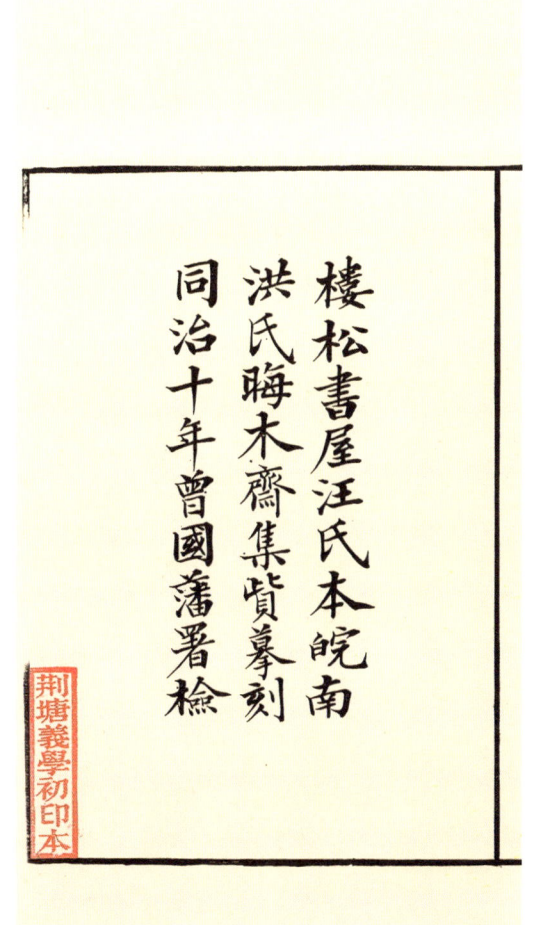

作者藏清同治十年洪氏晦木斋刻本《隶释》"牌记"

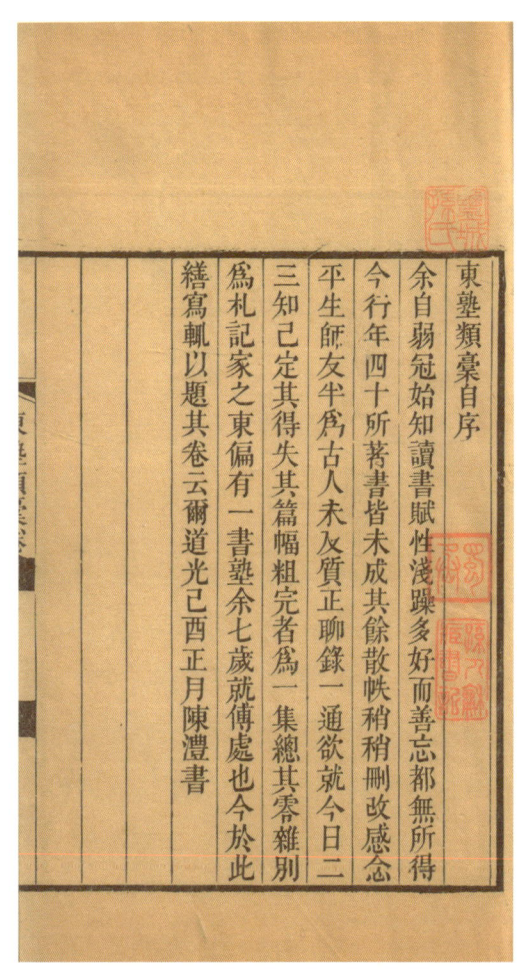

黄永年先生藏清道光二十九年刻试印样本陈澧《东塾类稾》

史忠正公集卷一

曾孫山清敬輯
元孫友慶恭校 開純

奏疏

請濬河濟運疏

今歲漕船北上於六月內已盡過洪所遲至八月者惟趕幫零船耳方望全幫回空早濟新運不意北河淺阻南下無多臣方以此爲慮乃突報開封河決下流盡淤向之洶湧而來者今且寨裳而涉矣嘗考河決入淮從來爲害卽以國朝言之洪武二十四年決於原武由陳

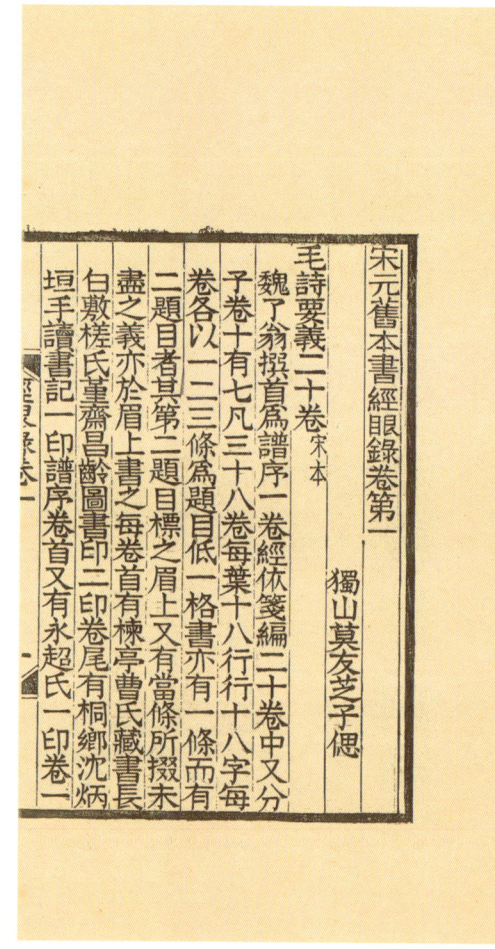

作者藏清同治十二年莫友芝次子绳孙金陵刻本《宋元旧本书经眼录》

宰相世系表第十二下

欧陽修奉敕撰

蕭氏出自姬姓帝嚳之後商帝乙庶子微子周封爲宋公弟仲衍八世孫戴公生子衍字樂父裔孫大心平南宫長萬有功封於蕭以爲附庸今徐州蕭縣是也子孫因以爲氏其後楚滅蕭裔孫不疑爲楚州春申君上客世居豐沛漢有丞相酇文終侯何二子遺則則生彪字伯文諫議大夫侍中以事始徙蘭陵丞縣生章章公府掾章生皓字望之御史大夫徙杜陵生育光祿大夫生紹御史中丞復還蘭陵生閎光祿勳閎生闡濟陰太守闡生冰

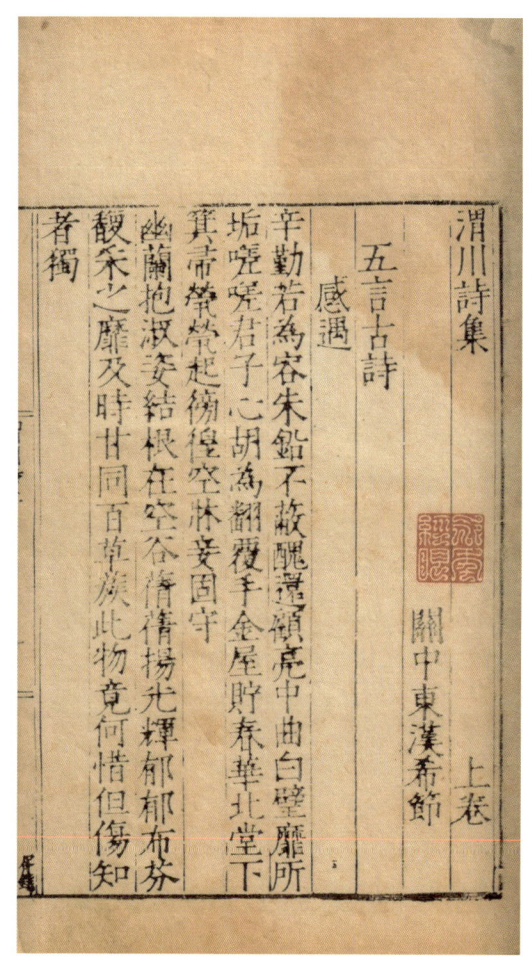

作者藏明嘉靖刻本《渭川诗集》

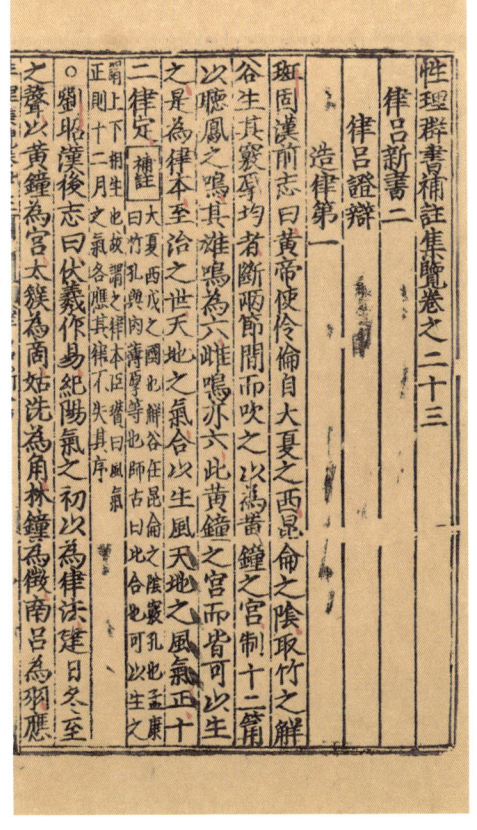

作者藏约明前中期刻本《性理群书补注集览》

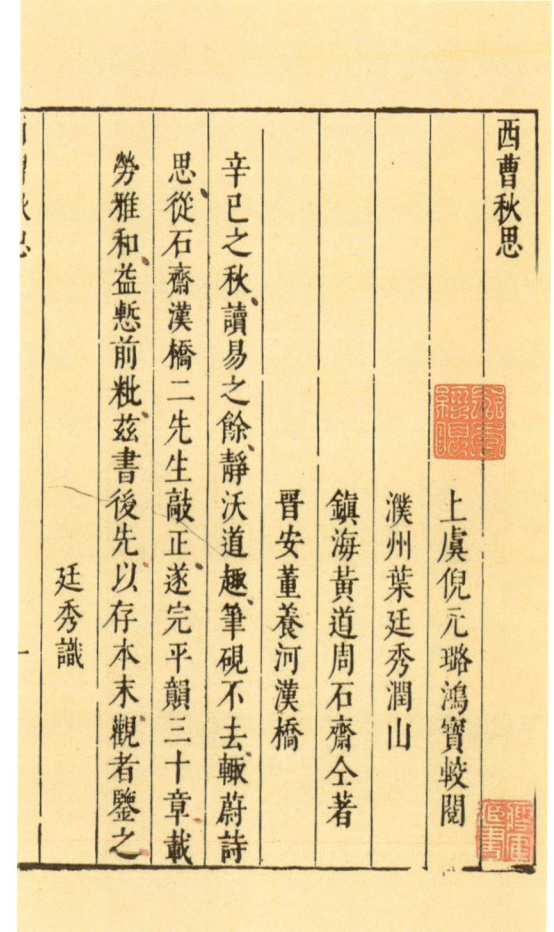

作者藏南明刻本《西曹秋思》

远西奇器图说录最卷第一

西海耶穌會士鄧玉函　口授
關西景政　　　　　　　譯繪
金陵後學武位中較梓

奇器圖說，西庠文字而作者也。西庠凡學各有本名，此學本名原是力藝，力藝之學，西庠首有表性言，且有解，所以表此學之內美好，次有表德言，所以表此學之外美好。今悉譯其原文，本義兩列於左。

作者藏明崇禎元年刻本《达西奇器图说录》

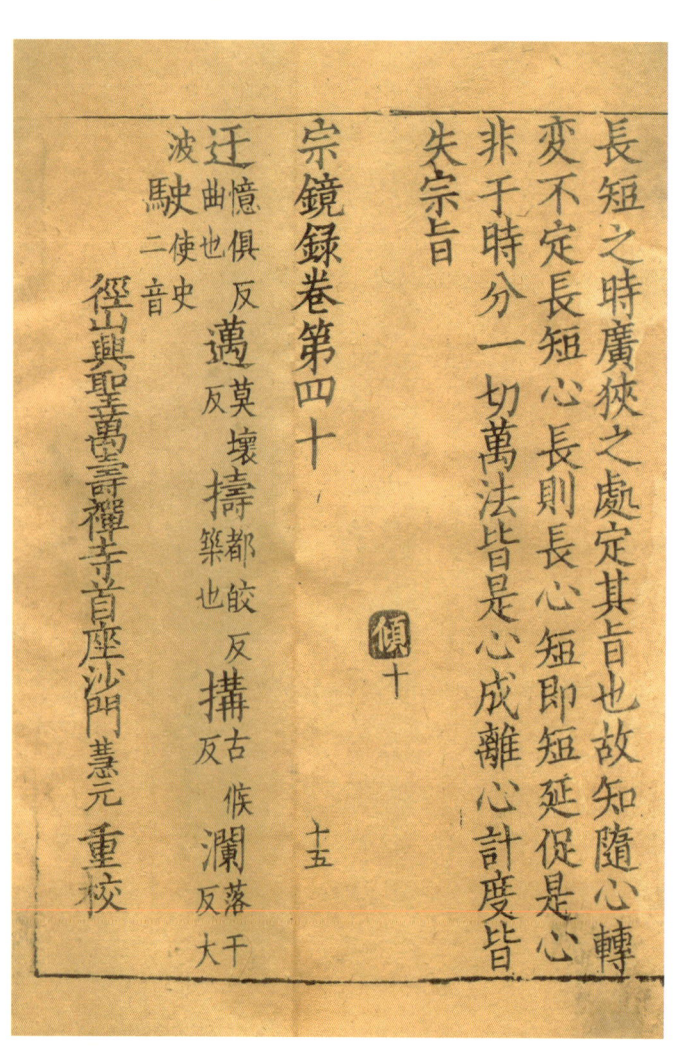

作者藏元世祖至元年间刻《普宁藏》本《宗镜录》

宗鏡錄卷第四十

慧日永明寺主智覺禪師延壽集

夫真心無相何知有不空常住湛然之體
荅以事驗知因用可辯事能顯理用能彰體
如見波生知有水體十八空論云不捨離空
菩薩修學此定止爲功德善根無盡何以故

一切諸佛於無餘涅槃中亦不捨功德善根
門有流果報已盡功德善根本爲化物故恒
有此用如來雖入涅槃猶隨眾生機緣現應
化兩身導利含識即是更起心義故眾生不
盡應化之用亦不盡故言雖入無餘而不捨
功德善根也若二乘入滅無更起心以慈悲

何建

读恩师唐代史事考释

> 人世间什么事都有本有末,有主干有枝叶,认识历史需要阅读的古人著述和研究历史问题所依据的原始史料也都是这样。

考史与释史是历史学研究的核心内容
——读业师黄永年先生《唐代史事考释》

各位同学、各位老师、各位朋友：

大家好。很高兴来到海南师范大学历史文化学院，来到这里和大家见面，进行学术交流。这是我第一次来到海南岛，感谢海南师范大学历史文化学院给我这个宝贵的机会，谢谢大家。

隋丽娟老师让我来到这里和大家见面，希望我能选择一部20世纪中国史研究名著，和大家谈谈我学习和利用的体会。

我自己主要从事的研究领域，是历史地理学。同时，由于研究的需要，作为必备的基础，还花费很多精力研习过包括版本学和目录学在内的历史文献学知识。按理说，和大家讲讲这方面的著述，似乎要更合适一些。但考虑到历史地理学和历史文献学的内容对于我们在座的大多数同学来说要显得稍微偏僻一些，所以，今天我来和大家谈一部中国古代政治史方面的名著，这就是我老师黄永年先生的论文集《唐代史事考释》。

按照我的理解，在中国古代史研究中，政治史始终是一个最最核心的领域。不过同样是做古代政治史研究，不同的学者，也会有不同的着眼点和不同的研究方法，其研究成果也会给读者带来不同的感受。我想，学者们研究历史的目的，应该是让大家贴近历史，而不是望而生畏远离它。因此，一项好的研究，应该好看，应该让人爱看。黄永年先生的政治史研究，给大多数读者的突出感受，就是好看。所以我才想和大家说说黄永年先生这部书。

不过，黄永年先生这部文集内容很多，今天在这里无法做全面的阐述。汪荣祖先生评述这部文集的性质说，书中"各篇文章在时序与内容上相互贯通，自成体系，不啻是一部唐代政治史专题研究"（见《唐代史事考释》卷首汪氏《黄永年及其唐史研究》一文）。由于《唐代史事考释》的主体和骨干是唐代政治史，所以下面我就选取书中前三篇论述唐初政治的文章作为例证，来和大家交流我的学习体会。这三篇文章是：《论武德贞观时期统治集团的内部矛盾和斗争》《敦煌写本常何墓碑和唐前期宫廷政变中的玄武门》《李勣与山东》。

需要说明的是，《唐代史事考释》是在1998年出版的，这正符合20世纪这个时间段。黄永年先生后来于2004年又出版了一部《六至九世纪中国政治史》，其唐初部分就是以上述三篇文章为主而又有所会通衍化，对于我们很多同学来说，也会更好看。下面我讲述的内容，也会结合业师在《六至九世纪中国政治史》这部书中的一些说法。

史事考据——在历史研究中的基础地位

多少读过一点儿黄永年先生研究著述的人都会清楚，业师治史，特别注重运用考据的方法。历史研究中的考据方法，不外乎考辨甄别互不同以及谬误错讹的文献记载，或是厘清论定扑朔迷离的史事。

按照学术圈外那些市井百姓的想法，你要是告诉他，所谓考据就是干这事儿的，我估计百分之百的人都会赞同：要想把历史研究这活儿当个活儿来做，不管是谁，都必须先做好考据的工作。总得把事儿先弄清楚吧，不这么做，还能怎么做？不然的话，不管看着有多么富丽堂皇，也只是空中楼阁，当不得真。

然而在学术界内部，情况却远不是那么简单。我们看到的实际情况是，有很多学者，他们喜欢优先考虑用什么样的一种特定范式，或是某种先验的程序，来解读复杂纷纭的历史现象；并且以为只有这样看待历史，其眼光才会有足够的深度，其评判才会有厚重的味道。用现在大家常讲的一句大白话来说——这样才高大上。

胡适之先生论治学方法，讲过一句看似很简单、却堪称一语中的的话，这就是"大胆假设，小心求证"。在我看来，这些在下手之先就已经横陈胸臆的既有研究范式或解读程序，好看是好看，好听也是好听，所以尽管"大胆假设"；但它究竟好使不好使，管用不管用，在未经"小心求证"之前，可还真不大好说。胡适之先生讲的这种"小心求证"的途径，不是别的，就是考据。

从1982年春在陕西师大初谒黄永年先生时起，到2007年初他老人家离世，德勇随侍先生，求教问学，前后二十五个年头。不过先生传授给德勇的,并没有什么神奇的独家秘诀。在治学方法方面,先师同德勇反复讲述最多的就这两个字——考据,或谓之曰"考证",实际上都是一回事儿。我给大家介绍的这部《唐代史事考释》,其通篇上下所贯穿的研究方法,就是考据。谈起"考据"这个词儿,学历史的谁都知道个大概,不过更多的人只是把它看作是考订某些具体环节的手段,或是孤立地考辨某些无关宏旨的细琐事项,就好像是随车工具箱里解决不期而遇的麻烦时用的贴身家伙。不过我在这里想要向大家特别强调的学习心得是——考据绝不仅仅是这样的改锥、扳手,而是每一项历史研究赖以起步的基础性工作,也是让学术的车轮始终保持正确走向的方向盘。

基于某种特定的范式或是先验的程序来解析历史现象,这样的做法,是伴随着现代史学的发展而日益兴盛的。在具体的研究实践中,历史学者们往往更喜欢借用西方社会学科的理论和方法。这些源自西方社会学科的理论和方法,对历史研究的推进作用十分显著,甚至可以说相当巨大。譬如马克思的历史唯物主义学说,就是对中国历史研究影响最大的一种西方社会学科理论。

在唐代政治史研究领域,除了马克思的历史唯物主义学说之外,还有两大范式,在很长一段时间内,成为很大一部分中国学者贯穿始终的研究轨辙。这两大范式的具体内容,一是"关陇山东之争"、二是"世族庶族之争"。直到此时此刻,唐史学界大多数学者,谈起唐代的政治斗争来，依然还是这一套。

"关陇山东之争"的"关陇",出自陈寅恪先生提出的一个著名论断,乃谓西魏北周时期,在政治上形成了一个"关陇集团",采取"关中本位政策"以治理国家——即其高层核心统治者均出身于潼关以西地区,而这一统治集团至唐代初年犹未衰损,"皇室与其将相大臣几全出于同一之系统及阶级,故李氏据帝位,主其轴心,其他诸族,入则为相,出则为将,自无文武分途之事,而将相大臣与皇室亦为同类之人,其间更不容别一统治阶级之存在也",至武周时期,因女皇武曌之"氏族本不在西魏以来关陇集团之内,因欲消灭唐室之势力,遂开始施行破坏此传统集团之工作",并使其走向分崩堕落,"迄至唐玄宗之世,遂完全破坏无遗"(见陈寅恪《唐代政治史述论稿》上篇《统治阶级之氏族及其升降》)。所谓"关陇山东之争",指的就是此关陇集团中人同潼关以东黄河中下游区域统治阶层人士的权力争斗("山东"之称源自崤山之东)。

"世族庶族之争"的"世族",亦称"高门望族"或"右姓"。所谓"门阀"一语,很大程度上也可与之做同义置换。大体上是指因几代仕宦而积累有一定声望权势的地主家族,没有这种资历的地主家族,就成为庶族。但由二者的区别就可以看出,世族与庶族并非一成不变,而是上上下下波动不已。旧的世族会转趋没落,新的世族则会随时代之而起,只是旧有的世族为了保有自己的尊荣而不愿意轻易承认新生的世族。

在《论武德贞观时期统治集团的内部矛盾和斗争》这篇文章中，业师黄永年先生脱离贯穿于唐代政治史、当然也是前贤时彦研究唐初政治时惯行遵用的上述两大轨辙，不带任何先入为主的前提，客观分析相关的记载，以玄武门之变为主要切入点，真切复原高祖李渊、太子建成和齐王元吉、以及秦王李世民父子兄弟之间的矛盾与政治斗争的演变过程，认为这些政治斗争只是统治集团内部的权力之争，并且指出："就当时的历史条件来说，太子和诸皇子以至对皇帝争夺最高权力的事情是必然发生的。"简单地说，权力，就是权力，也只有权力。这并不是需要用什么特别的理论来阐释的稀罕事儿，实在平常得很。若是把眼光更拓展一些，通观整个唐朝的历史，这些统治集团内部的矛盾和斗争，也就是所谓"党争"，性质都是如此。形象地讲，就是狗咬狗，一嘴毛。

这就是黄永年先生研究唐代政治史的总体认识。历史的真实情况，就那么摆在那里，研究者实事求是地考释、解析其具体过程就是了，根本没有必要罔顾眼前的事实而求之过深，思之过远，当然更没有必要故作高深。实事求是的研究不仅会比某些看似高深的认识更加可靠，在学术史上也会更有生命力。

研究历史问题，当然不能只管自说自话而对既有的通行认知置之不理，不破不立。在《论武德贞观时期统治集团的内部矛盾和斗争》一文中，黄永年先生运用考据的方法，首先辨析这些政治斗争"是不是反映关陇人和山东人的矛盾,是关陇人和山东人之争"?继之再考辨这些政治派系的斗争"是否分别代表了庶族地主和世族地主的利益"?方法简简单单,平平常常,就是一一核实各个派系核心成员的籍贯和家族状况,得出一个简单的统计结果,全新的认识就出来了。

证据平实可靠,结论清清楚楚,明明白白,历史发展的基本脉络,同"关陇山东之争"和"世族庶族之争"这两项因素都是八竿子打不着的事儿。那些俨乎其俨的治史范式,就像海市蜃楼一样,转瞬之间就消逝得无影无踪。这样,就把对唐初政治史的研究重又置放到了一个坚实可靠的基础之上,这也很好地体现了史事考据在历史研究中的基础地位。基于这一实例,窃以为这种考据的方法,也应该是学者们从事历史研究的起点。由此出发,才能取得实实在在的成就。

考证代表性史事——在历史研究中的关键作用

如前所述,所谓"关陇集团"和"关中本位政策"是一代学术大师陈寅恪先生提出的著名论断,如果只是根据统计的结果来认识相关核心政治人物籍贯所在的地点,以此来论证特定时期的政治运作是否存在基于"关陇集团"的"关中本位政策",有些人或许觉得过于简单,至少会觉得这太过干瘪，有欠丰满。

在历史问题的研究中，举述具有代表性的史事，有时会显得更加生动，内涵也会更加丰富。

我们大家在阅读《论武德贞观时期统治集团的内部矛盾和斗争》之后，若是再去读《唐代史事考释》中收录的《李勣与山东》这篇文章，就会看到，业师黄永年先生把一个活生生的例证，推到了我们的面前——这就是李勣这个"山东"地区的代表性人物在唐初政坛上的地位和际遇。

如前所述，按照陈寅恪先生的看法，那种基于"关陇集团"的"关中本位政策"，直至武周时期方始解体，而最终在玄宗时期彻底毁坏无存。然而黄永年先生针对此说做过全面而又系统的论述（在《六至九世纪中国政治史》一书中设有《关陇集团始末》一章），论证的方法，同样还是把相关史事一一付诸考证。情况本来并不复杂，只要作者摒除先入为主的研究范式，只要读者解除迷信和崇拜造成的桎梏，平视摆在自己面前的每一项学术观点，就不难做出合乎实际的评判。

黄永年先生的考证表明，西魏北周时期形成的"关陇集团"在由周入隋之后即开始解体，至唐代初年则已完全消逝不存。

这当然是一个十分重大的结论。须知陈寅恪先生提出"关陇集团"和"关中本位政策"之说的《唐代政治史述论稿》，全书系由上、中、下三篇构成，其"关陇集团"和"关中本位政策"二说是此书上篇《统治阶级之氏族及其升降》的核心观点和最终结论，即陈寅恪先生所说"有唐一代三百年间其统治阶级之变迁升降，即是宇文泰'关中本位政策'所鸠合集团之兴衰及其分化"，而此书中篇《政治革命及党派分野》又是在上篇的基础上展开的。

显而易见，黄永年先生这一新看法，等于毁掉了陈寅恪先生这部书很大一部分内容的价值，而且这部分内容可以说是这部书的核心内容。尤其值得注意的是，《唐代政治史述论稿》这部书也是伟大的陈寅恪先生最有代表性的著述，"关陇集团"和"关中本位政策"是陈先生在这部书中提出的一个重大历史命题。这样的情况，自然会愈加彰显先师新说的价值。

如此重大的命题，不宜仅仅依赖面上的考释来立论，还需解析关键性或者说是标志性的点，这样才能使整个论证更加丰满，更加生动，也更为利于人们理解和接受。《李勣与山东》一文，起到的就是这样的作用。

从标题上就可以看出，《李勣与山东》这篇文章，论述的是李勣这个人同山东地区的关系。

李勣和李靖，是李唐王朝开国时期位置最高、名声最响的两员大将。一般认为，他们俩个人的名声和地位都是凭借其卓越的军事才能而获得。然而黄永年先生却考述其一生的军事经历后说：

大业十二年他参与围歼张须陀之役，但指挥者是李密。大业十三年他随李密与王世充相持于洛阳，互有胜负。同年他驻守黎阳仓，曾击退宇文化及的进攻，但武德二年投唐后黎阳仓即被窦宪德攻陷，他力屈请降。武德三年他自拔归长安，四年随秦王李世民擒窦建德，降王世充，但统帅是李世民，分兵围王世充的主将是齐王元吉，他只算辅佐。同年他任黎州总管，刘黑闼起兵，他弃城走保洺州，在黑闼追击下仅以身免。武德五年平徐圆朗之役，李世民是统帅，他和淮安王神通均属李世民麾下，武德七年擒辅公祐之役，赵郡王孝恭是元帅，李靖是负实际责任的副帅，他只是受孝恭、李靖节度的七总管之一。从武德八年到贞观十四年，他一直在并州防御突厥，能做到"塞垣安静"，但贞观四年大破突厥主要是李靖的功劳，他仍只起配合作用。要到贞观十五年任朔州行军总管打败薛延陀，才算独当一面充当大战役的最高指挥官。但更大的贞观十八年进攻高丽的战役则仍由太宗李世民亲自出马，他只在太宗统帅之下担任辽东道行军总管，与指挥舟师的平壤道行军总管张亮并列。以后高宗干封元年破灭高丽之役才由他以辽东道大总管为统帅。

考史释史的工作，在很多时候就这么简单，把李勣参与和指挥的重大战役一件件摆出来，结论自然也就出来了："李勣的战绩确难比美李靖。"唐太宗李世民评陟其军事才能，不过是"不能大胜，亦不大败"而已

(《旧唐书·薛万彻传》),而黄永年先生认为这"实际上只算是个中上的评语"(其实我们看他面对窦建德力屈请降,面对刘黑闼弃城逃窜,这都称得上是惨败了,绝非"亦不大败")。

然而,在另一方面,李勣不仅与李靖一样名列凌烟阁,唐太宗李世民还高调赞扬他们二人的军事才能"古之韩、白、卫、霍岂能及也"(《贞观政要·任贤》)。这样,问题就出来了:既然李勣的军事才能远不足以与李靖并比,那么,当朝的皇帝又为什么要如此重视且如此刻意抬高他呢?先师以为这"应该别有缘故"。

个中缘故,就是经过有隋一代的消解,至唐代初年,西魏北周以来的所谓"关陇集团"业已彻底湮灭,李渊父子不仅再也没有施行"关中本位政策",而且还反其道而行之,积极网络山东地区的各色人才,特别是在当地具有较大影响的地方势力代表人物。

李渊父子这么做,原因有二:一者唯才是举,不再偏倚关陇人士;二者利用地方实力人物的影响,以笼络山东地区的人心,稳定社会。

从历史发展的角度看,在上面这两项因素中,前者同"关陇集团"和"关中本位政策"息息相关,需要先在这里再稍加解释。

当年陈寅恪先生在《唐代政治史述论稿》一书中提出"关陇集团"和"关中本位政策",是用以说明唐代政治活动的历史渊源,即隋至唐初的统治者依样继承了西魏北周时期形成的"关陇集团"和基于这一集团的"关中本位政策",这一因素,构成了唐前期朝政的基本脉络。因而不难理解,若如业师黄永年先生所讲的那样,"关陇集团"在隋朝即告解体,迄至李唐之初便已荡然无存,那么,陈寅恪先生提出"关陇集团"和"关中本位政策"这些观念,基本上也就等于啥也没说,几乎没有任何学术价值和实质意义了。

为什么呢?陈寅恪先生提出此说,若是意在解析西魏北周的历史,那么,特地提出"关陇集团"和"关中本位政策",尽管时至今日依然"完全正确"(语出黄永年《我和唐史以及齐周隋史》,见先生自选集《文史探微》卷首),可这却等于讲了只有傻瓜才会讲的大实话——如同黄永年先生在《论武德贞观时期统治集团的内部矛盾和斗争》一文中所讲的那样:

> 西魏北周所统治的只有关中以及陇西(后来加进剑南)这点地区,过黄河出函谷关便是东魏北齐的版图,长江中下游更是南朝梁陈的辖区,你要用山东人,山东人也不为你所用。所以西魏北周的统治集团只能是所谓"关陇集团",执行所谓"关中本位政策"。

这么一清二楚、不言自明的事实,伟大的陈寅恪先生怎么会煞有介事地当回事儿讲?因为他意不在此,而在于用以解析唐代前期的历史。

只有明了这些情况,才能更好地理解业师黄永年先生解析"李勣与山东"这一命题的学术意义,即借此充分论定杨隋时期业已解体的"关陇集团"和"关中本位政策"自大唐开基立国之初就已经不再存在,这也就等于彻底否定了陈寅恪先生解析唐代历史的一个基本出发点,或者说是彻底毁掉了陈寅恪先生认识唐代历史的一条基本轨辙。用黄永年先生自己的话来讲,所谓"关陇集团"和"关中本位政策"是一个"带有根本性的问题"(黄永年《我和唐史以及齐周隋史》,见先生自选集《文史探微》卷首),意义当然十分重大。

李勣原名徐世勣,本来是隋东郡离狐县人,隋末徙居同郡卫南县(案两《唐书》本传俱云勣系"曹州离狐人","隋末徙居滑州之卫南",此乃据唐朝州县而言,于隋,离狐、卫南俱属东郡,见《隋书·地理志》)。他不仅是个地地道道的"山东人",而且"家多僮仆,积粟数千钟,与其父盖皆好惠施,拯济贫乏,不问亲属"(《旧唐书·李勣传》),可谓既饶有资财,家中实力雄厚,又"乐善好施",颇喜收买人心,结交江湖豪杰,自然是当地卓有声望的人物。杨隋天下分崩离析之际,同郡韦城人翟让依据瓦岗之地率众为盗,这也就是大名鼎鼎的"瓦岗军"。翟让起事后徐世勣当即身往从之,成为"瓦岗军"主要奠基人之一。世勣字懋公,或亦书作"茂功",《说唐演义》中瓦岗寨的狗头军师"徐茂功",就是以他为原型创造的。徐世勣后审时度势,怂恿翟让一同尊奉李密为主,而他也很快跃升为瓦岗军中独当一面的二号实权人物,据守与其东郡家乡一河之隔的天下第一等重要粮库黎阳仓。

正是基于这些缘由,当徐世勣后来率众投靠李渊时,才被赐姓李氏,更名为李世勣。至高宗永徽年间,始为回避太宗李世民的名讳,单名勣焉(《旧唐书·李勣传》)。

前面我说李渊父子积极笼络像李勣这样的山东人物,其第二项原因,是为了利用地方实力人物的声名,以影响山东地区的民心和政治意向,更好地控制山东社会。其实我们了解到李勣的地位和分量,是很容易理解的。因为这"实力"二字是古往今来一切政治领袖在你死我活的权力斗争中都要大力争取的事情,并没有什么深刻的道理需要阐发,也没有什么匿而不显的史事需要索隐发微。

进一步深入追究,可以看到,李渊父子利用李勣的威望以影响、罗致山东人士,以示其唯才是举,不再偏倚关陇人士,这一举措更为深远的背景,是关陇地区同山东诸地在经济和文化上的巨大差距。

晚近以来中国史学界流行的"成王败寇"式历史观,总是谀颂武力征战中的胜利者。在这些人看来,所谓优胜劣汰,乃意味着历史的实际状况便是文明战胜野蛮的必然结果。针对这一普遍性观点,黄永年先生则在通观历史大势后指出,在冷兵器时代,恰恰是野蛮征服文明,落后湮灭先进,往往屡见不鲜。

譬如金灭北宋、元灭南宋,还有清兵灭明,就都是这样。与此性质相同,周人自关中发兵灭掉殷商，秦人以关中兴兵吞并六国，北周依托关中荡平北齐，也都是赖其凶残嗜杀的野性来毁除更高的文明（请参看业师《六至九世纪中国政治史》第二章《关陇集团始末》）。

本着这样的认识来看待"关陇集团"和"关中本位政策"问题，黄永年先生在《李勣与山东》一文中指出：

> 唐继承隋和北周，这几个朝代都建都长安，以关中地区为重心。但关中地区从商周以来就一直赶不上山东地区的富庶，文化也远不如山东地区发达，所以要统治中国非掌握山东的物资、吸收山东的人才不可。北周武帝乘北齐衰乱花了很大气力并吞山东地区，隋代就大批吸收山东人参与政权，出现"朝廷之内多山东人"（《旧唐书·韦云起传》）的现象。

黄永年先生论证所谓"关陇集团"在入隋之后即开始解体，就是基于这样的地域文化基础，唐初李渊父子步隋人之后继续罗致山东地区的人才入其彀中，也是基于同样的地域文化现状不得已而为之。因此，其优渥对待山东地区的代表性人物李勣，不过是为实现这一人才战略树立一个醒目的标杆而已。

通过以上论述大家可以看到，业师黄永年先生考证清楚李勣身后的浓重背景，阐明这一代表性史事的丰富内涵，让我们得以窥一斑而识全豹，为我们认识历史的真相起到了关键性作用。

偏恃新史料不是历史考据的正途

谈到历史考据，很多潮味儿十足的新派学者是颇为不以为然的。这些人以为考据就是简单地比较一下甲材料和乙材料，做个此是彼非的判断。其难度，主要是广泛搜集各项相关的材料以对比异同；而在古代众多学者、特别是清代乾嘉学者已经做过的高水平考证的基础上，要想获得新的突破，其要义，便是傅斯年先生所说"上穷碧落下黄泉，动手动脚找东西"。那么，傅斯年先生到底想要找些什么东西呢？他是要找到同传世基本文献记载不同的新东西，这也就是现在常说的新史料，而对于这些不遗余力地搜寻新史料的学人们来说，心中往往都怀揣着一个不言自明的研究指向——这就是借助新史料来修正、以至彻底推翻前辈学者依据传世基本文献而得出的认识。

尽管这样的归纳概括或许会稍显片面，但我相信，这至少能够切中当代中国史学界很大一部分学者的心思。问题是作为史学研究的基本方法，或者更清楚、更具体地讲，作为史事考据的基本方法，若是把这样的趋向定作基本的取向，它是不是合理呢？

历史问题的研究，是一种人文学科的学术实践，而在我看来，所有人文学科的研究方法、研究范式，都有强烈的个性化特征，这也是人文研究同自然学科研究以及社会学科研究的一项重大差别。

所谓个性化特征，也就是因人而异，没有一定之规。可是这种因人而异，歧异的只是你喜不喜欢考据的方法，是不是重视考据的方法，愿不愿意采用考据的方法。大路朝天，彼此各走半边。若是不喜欢、不重视、不愿意也就罢了，问题是既然要做历史的考据，就必须了解所谓史事考据自有一套独特的方法；至少在高手看来，高水平的史事考据，绝不是具体比对一下史料的歧异那么简单。

首先，它在选用史料方面就是有很多讲究的。

昔清人赵翼撰著《廿二史札记》，自言其书"多就正史纪传表志中参互勘校"，复以"家少藏书，不能繁征博采，以资参订。间有稗乘脞说与正史岐（歧）互者，又不敢遽诧为得间之奇。盖一代修史时，此等记载，无不搜入史局。其所弃而不取者，必有难以征信之处。今或反据以驳正史之讹，不免贻讥有识"（见赵翼《廿二史札记》卷首赵氏自撰《廿二史札记小引》）。在此书正文中，赵翼复进一步详细阐释此旨云：

> 一代修史，必备众家记载，兼考互订，而后笔之于书。观各史艺文志所载各朝文士著述，有关史事者何啻数十百种，当修史时，自必尽取之，

彼此校核，然后审定去取。(见赵翼《廿二史札记》卷一"史汉不同处"条)

学人之有识无识，并不仅仅是天知地知的问题，前世此生的有识者也能看得出来。

清代史学考据第一高手、也是作者好友的钱大昕先生，即大为叹赏赵氏此语乃"论古特识，颜师古以后未有能见及此者矣"(见赵翼《廿二史札记》卷首钱大昕《廿二史札记序》)。

这一所谓"特识"，特就特在赵翼强调考辨史事要首先以正史为依归。其实钱大昕自弱冠时起即"好读乙部书"，亦即喜读史部著述，而他尤为究心的便是"自《史》《汉》迄《金》《元》"这二十二部正史，因而才撰著《廿二史考异》(见钱大昕《廿二史考异》卷首钱氏自序)，这部书也是他耗时最久、用力最深的史学考据业绩。当然他与赵翼一样重视正史的价值。

人世间什么事都有本有末，有主干有枝叶，认识历史需要阅读的古人著述和研究历史问题所依据的原始史料也都是这样。

赵翼和钱大昕强调正史而贬抑稗乘脞说，就是因为正史是本、是主干，而稗乘脞说是末、是枝叶。

这是因为从总体上来说，在林林总总形形色色的历史著述、也就是研究史料当中，正史(当然其涵义可以较纪传体二十四史再稍稍扩充些)的记述最为全面、最为系统、也最为真实可靠，这是赵翼、钱大昕辈传统史家的共同认识。在这一前提之下，所谓稗乘脞说起到的只能是对正史纪事拾遗补阙的作用。

不过现代学者对这一问题的认识，未必都和赵翼、钱大昕辈相同。傅斯年先生所说"上穷碧落下黄泉，动手动脚找东西"，亦即在传统的基本史书之外，努力寻求新的史料。这样的主张，积极的作用显而易见，就是扩大了学者们看待史料的视野，包括促进了考古学的发展，同时也大大拓展了学术研究的领域。但在另一方面，这样的学术旨趣，也隐含着把历史学研究引入歧途的危险，即片面追求新史料，以扭曲变态的形式无限制地夸大新史料的价值，甚至公然贬抑正史等传世基本史料的作用。至少在我看来，当日这种潜存的危险倾向在今天已经成为中国史学界的普遍现实。

如果我们把史学思潮和史学研究方法的变迁看作一条流动的河的话，那么，当日在它的发源阶段，陈寅恪先生无疑对此起到了推波助澜的作用。

陈寅恪先生相关的论述，见于他为陈垣先生《敦煌劫余录》撰写的序文里："一时代之学术，必有其新材料与新问题，取用此材料以研求问题，则为此时代学术之新潮流。治学之士，得预于此潮流者，谓之预流，其未得预者谓之未入流。此古今学术史之通义，非彼闭门造车之徒所能同喻者也。"

因陈寅恪先生的代表性著述《唐代政治史述论稿》和《隋唐制度渊

源略论稿》两书依据的基本上都是正史等传世史料，而陈垣《敦煌劫余录》著录的是北平图书馆藏敦煌文献，所以过去我粗读陈先生此说，以为或多有应酬的意味，体现的未必是他本人的学术旨趣。及至认真研读业师黄永年先生《敦煌写本常何墓碑和唐前期宫廷政变中的玄武门》一文，始注意到情况并非如此，陈寅恪先生在这里写的正是他自己的学术追求，是他的心里话。

正是由于学术界对陈寅恪先生的普遍景仰，这番说辞，使得这种追求新史料的新流派终于形成了汹涌的洪波狂澜。《唐代政治史述论稿》中篇《政治革命及党派分野》一章，在分析秦王李世民之所以能够成功发动玄武门之变以夺取帝位的原因时，曾特别论及新史料的价值，述云：

> 太宗之所以得胜，建成元吉之所以致败，但由一得以兵据玄武门即宫城之北门，一不得以兵入玄武门故也。然则玄武门为武德九年六月四日事变成败之关键，至为明显，但此中实有未发之覆，即玄武门地势之重要，建成元吉岂有不知，必应早有所防卫，何能令太宗之死党得先隐伏夺据此要害之地乎？今得见巴黎图书馆藏敦煌写本伯希和号贰陆肆拾李义府撰常何墓志铭，然后知太宗与建成元吉两方皆诱致对敌之勇将，常何旧曾隶属建成，而为太宗所利诱，当武德九年六月四日常何实任屯守玄武门之职，故建成不以致疑，而太宗因之窃发，迨太宗既杀其兄弟之后，常何遂总率

北门之屯军矣，此亦新史料之发见足资补释旧史所不能解之一端也。

文中"太宗之所以得胜，建成元吉之所以致败，但由一得以兵据玄武门即宫城之北门，一不得以兵入玄武门故也"这段话，析分开来讲，其"得以兵据玄武门即宫城之北门"，是"太宗之所以得胜"的关键缘由，另一方面，"不得以兵入玄武门"，则是"建成元吉之所以致败"的根本原因，而太宗、实际上更准确地说应当谓之曰"秦王"李世民之所以能够"得以兵据玄武门即宫城之北门"，乃是缘于"常何旧曾隶属建成，而为太宗所利诱，当武德九年六月四日常何实任屯守玄武门之职，故建成不以致疑，而太宗因之窃发"。

然而，非常蹊跷的是，唐代政治史上这么一项惊天动地的大事件，对其决定双方成败的关键因素，陈寅恪先生在传世史籍中竟然没有看到它一丝一毫踪影，幸好在敦煌发现的《常何墓碑》写本中对此有所体现，他这才很偶然地窥破其中的奥秘。正是因为如此，陈寅恪先生才将这份《常何墓碑》写本视作"新史料之发见足资补释旧史所不能解之一端也"。

假如你只是带着满眼的崇拜去"拜读"陈寅恪先生行云流水般的酣畅论述，假如你只是带着满脑子的迷信而被陈寅恪先生铿锵其声的结论所"迷倒"，那么，以此玄武门之变为证，你自然会对陈氏所倡"一时代之学术必有其新材料"之说笃信不疑。

可业师黄永年传授到我脑子里的历史研究，最根本的，还只是"实事求是"那四个字。如前所说，我前后随侍先生二十五年，不管是在课堂授课中，还是在私下言谈间，先生最为崇敬的现代学人，都是陈寅恪先生；甚至他进入唐史研究领域并且把一生的主要精力都投入了这一领域，也是直接蒙受陈寅恪先生著述引导的结果。

具体地讲，业师说这个"引导者就是陈寅恪先生的名著《唐代政治史述论稿》"。买下陈寅恪先生刚刚出版的这部著述的时候，黄永年先生高中毕业还不到两年，而他自从"读了寅恪先生的《唐代政治史述论稿》，才知道如何读史书，如何做研究的门道"（黄永年《我和唐史以及齐周隋史》，见先生自选集《文史探微》卷首）。

正因为这样，业师黄永年先生才会把《唐代政治史述论稿》等陈寅恪先生的著述读得很深，读得很透。问题是一个真心思索学术问题、一个以探明历史真相为旨趣的学者，是不会对任何自己敬重的学者无理据地顶礼膜拜的。读得深了，读得透了，想得也就多了，也就远了，这样一来，往往就会发现其中存在的问题。所谓"读书得间"，此之谓也。

不过探索历史问题的真实面目，靠的并不是冥思苦想，天马行空不行，面壁磨砖也不行。那么，要靠什么呢——靠的就是考据；至少在其入手之处是要依靠考据，定谳的时候更要依靠考据。在阅读他人学术著述时，能不能发现其间存在的问题，能不能解决这些问题，关键是看你具不具备考据的能力。

刚才我提到业师黄永年先生在走入唐史研究领域时,蒙受的是陈寅恪先生的引导。我理解,这种引导作用,主要是指分析史事的基本着眼点,即在特定历史环境和历史脉络中分析具体的事件和人物,而不是孤立地就事论事。

至于具体是治史基础和方法,在读到陈寅恪先生的《唐代政治史述论稿》等著述之前,还是在初中时代,只有十几岁的时候,黄永年先生就开始阅读吕思勉先生的《经子解题》,先师说这就是他"开始接触学问"的时候。在读到《唐代政治史述论稿》一书之前四年,他就在中学里成为吕思勉先生正式教授的学生,并在课下也随侍于吕思勉先生身旁,随时聆受教诲。很快,他又读到《古史辨》,并且先后拜童书业、顾颉刚两位先生为师,开始尝试研究先秦史问题(黄永年《我和唐史以及齐周隋史》,见先生自选集《文史探微》卷首)。

这样的成长经历,一方面,使其学术眼光开阔,注意对历史的总体认识,注重养成全面扎实的文史研究基础(这方面受吕思勉先生影响最大);另一方面,令其认识到考据方法对历史研究的重要性,对此产生了浓厚的兴趣,而且终其一生,一直乐此不疲(这方面受顾颉刚先生影响最大)。

这样的基础,这样的旨趣,这样的能力,促使黄永年先生在阅读陈寅恪先生史学著述的时候，对自己特别感兴趣的问题，就会结合相关记载、核实相关记载，用自己的脑袋来思索陈氏论述的合理性。

结果，往往就会发现不是么回事儿。前边我着重谈到的"关陇集团"和"关中本位政策"是这样，现在要讲的玄武门之变也是这样。后来黄永年先生越是深入研读陈寅恪先生的著述，发现的谬误也就越多，性质往往也会更加严重。特别是在他老人家离世之前的十多年间，每次和我闲聊谈起陈寅恪先生的著述和学术观点，总是念叨说"没有想到寅恪先生的学问会做得这么粗"！"实在太粗疏了"！

除了具体的研究结论之外，其实在研究方法上，关于怎样合理地对待各种不同来源的史料，黄永年先生的看法也与陈寅恪先生有着重大的区别——这就是陈寅恪先生高度推崇所谓"新史料"，谓"一时代之学术必有其新材料"，黄永年先生则强调学者治史重在阅读习见之书，特别是历代正史。黄永年先生连依靠传世史籍中的孤本秘籍做学问都很排斥，甚至颇带炫耀意味地宣称，自己是"要从习见书中看出人家看不出的问题"，且称"习见书如纪传体正史中未被发掘未见利用的实在太多了，再用上几辈子也用不完。不此之图，光坐等孤本秘籍的出现包括考古掘得新东西，岂非有'守株待兔'的意味"（黄永年《我和唐史以及齐周隋史》，见先生自选集《文史探微》卷首）。

有意思的是，尽管黄永年先生一生对北朝隋唐史的研究，已经大大订正了陈寅恪先生相关的观点，但在总体上他仍对陈寅恪先生的研究方法和研究成就，给予了高度评价。同时，不知是出于有意回避，还是出自无意的疏忽，不管是在公开的著述当中，还是私下聊天时，他从来都没有提及陈氏在《敦煌劫余录序》中对新史料的高度推崇，也没有提及陈氏在研究玄武门事变时对待《常何墓碑》的根本态度存在方法论的问题。

令我感到相当意外的是，黄永年先生还将陈寅恪先生引为重视基本传世典籍的同道。正是因为如此，今天我在这里和大家谈黄永年先生的学术贡献，才想通过对待《常何墓碑》的态度，来特别指出他在治学方法上同陈寅恪先生之间这一重大差异。黄永年先生与陈寅恪先生的不同见解，要点如下。

首先，关于唐代宫廷斗争中"玄武门地势之重要"这一命题，黄永年先生指出，玄武门本身并非如陈寅恪先生所说的那么重要，只是因为当时禁军屯营就在玄武门外，以致发动宫廷政变者若能动用禁军必就近突入此门。事情的实质，不过如此而已。德勇在西安读书时，博士论文研究的就是隋唐东西两京，因知唐长安城太极宫、也就是玄武门所在的那座宫城，几乎处于全城最为低洼之处，玄武门又在宫城北面地势最低的地方，本无地势之险可以凭依。这也可以从地理形势上佐证先师所言更合乎情理。其次，武德九年六月朏日之后一日秦王李世民发动"玄武门军事政变"实际并未获得禁军的支持，只是率少数死党在玄武门内冒险伏击而侥幸成功。

黄永年先生得出这两点认识，依据的都是最寻常的大路史料，不过旧新两《唐书》、《唐会要》、宋敏求《长安志》、程大昌《雍录》、徐松《唐两京城坊考》等书而已。

至于敦煌发现的《常何墓碑》写本，其述及常何其人与玄武门之变的关系，仅有如下文字而已：

> 从隐太子讨平河北。……[武德]七年，奉太宗令追入京，赐金刀子一枚，黄金卅挺，令于北门总领健儿长上，仍以数十金刀子委公锡骁勇之夫，趋奉藩朝，参闻霸略，承解衣之厚遇，申绕怅（帐）之深诚。九年六月四日，令总北门之寄。

黄永年先生以传世基本文献为基础、于大处着眼从中解读出来的涵义，与陈寅恪先生截然不同。

第一，玄武门事变之前，在秦王李世民与太子建成、齐王元吉之间的争执中，高祖李渊已经明显站在后者一边。另一方面，秦王李世民与太子建成、齐王元吉之间的实力对比，也是建成、元吉一方的实力大幅度增长，已然超过秦王李世民；特别是事变前夕建成、元吉更进而承高祖意旨以夺取秦府私甲，解散秦府私党，致使秦府的势力转瞬即有土崩瓦解之势。在这种情况下，武德九年六月朏日之后一日高祖李渊在太极宫召见太子建成、秦王世民和齐王元吉，勘问秦王李世民与太子建成、齐王元吉之间争权夺利的是非曲直，对秦王李世民来说，实乃犹如末日来临。

因此，黄永年先生称，秦王李世民发动玄武门之变，"实际上是李世民及其少数私党处于力穷气索时的冒险尝试"。这意味着事起仓促，不过是侥幸于万一以求一逞，根本来不及做出周全的计谋，未必会做出控制玄武门的安排。

第二，常何并不是北门禁军的主要将领，因而秦王李世民也不可能是依赖他的内应方"得以兵据玄武门即宫城之北门"。

当时北门禁军的两个主要将领敬君弘、吕世衡，当秦王李世民率少数几个死党进入玄武门以伏击建成、元吉时，由于当时像建成、元吉这样的皇子率少数随从"乘马携弓刀杂用之物"入宫是被允许的惯行之事，所以没有阻拦（案据《颜鲁公文集》卷一《论百官论事疏》，李世民在夺取帝位之后，曾撰著宫廷《司门式》，或即与自己这番政变的经历有关，盖防止他人效尤其后也）。而当李世民向建成、元吉动手之后，东宫、齐府兵要突入玄武门救主的时候，面对东宫和齐府的大队兵马，作为禁军将领，二人当然不会放任其径行入宫。

于是，这两位将领便都在混战中被东宫和齐府的军兵杀掉。

当敬君弘挺身阻止东宫和齐府军兵之际，其手下亲信劝阻云"事未可知、当且观变"(《旧唐书·敬君弘传》),这一情况,清楚显示出敬君弘辈绝非预谋之人,亦即李世民发动玄武门之变绝对没有串通守卫玄武门的北军将领,这也包括敬君弘、吕世衡下属的卑将常何在内。

其实就连陈寅恪先生本人,对敬君弘、吕世衡这两位禁军负责将领在玄武门之变中的立场,也把握不定,只是很不确切地推论说他们二人"殆与常何同为太宗之党欤?史料缺乏,未敢遽定"(陈寅恪《唐代政治史述论稿》中篇《政治革命及党派分野》)。在这种情况下,就贸然认定常何是李世民发动玄武门事变的内应,毋乃太过匆率。

第三,禁军卑将常何在政变成功后未蒙升擢,更是他未尝参与政变的铁证。像玄武门事变这样的政变活动,对起事者而言,成王败寇,是生死攸关、荣辱所系的重大关口,一旦得手,当然要对鼎力支持自己的那些死党加官进爵,论功行赏。黄永年先生依据《旧唐书·长孙无忌传》等传世文献论定,当时预闻玄武门之谋并参与其事的只有长孙无忌、尉迟敬德等九人,而敬君弘、吕世衡以至常何均不在数内;又这些与事者和在事变中明确站到李世民一边的重要人物,作为功臣,在事变成功后都受到了李世民的封赏,在《旧唐书》之《太宗纪》和《裴寂刘文静传》中一一列有这三十一位功臣的名单,而常何以及敬君弘、吕世衡两人都不在其中,这就很好地说明了包括常何在内的北门禁军将领,谁都没有参与玄武门之变。

好了，啰哩啰唆地讲了很多话，简单地归结一下：玄武门之变，是中国古代政治史上的一件大事，看黄永年先生审视《常何墓碑》在解读玄武门之变真相问题上的作用，这一事例很好地体现出治学方法上的一个原则问题——至少这是我从黄永年先生那里学到的一项重要原则，即偏恃新史料绝不是历史考据的正途。

谢谢大家。

    2021年10月1日草稿
    2021年10月15日下午讲说于海南师范大学历史文化学院

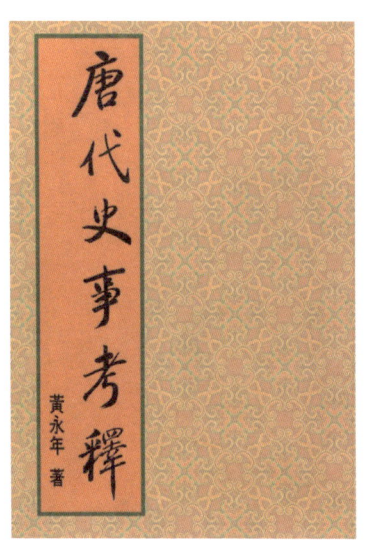

《唐代史事考释》封面

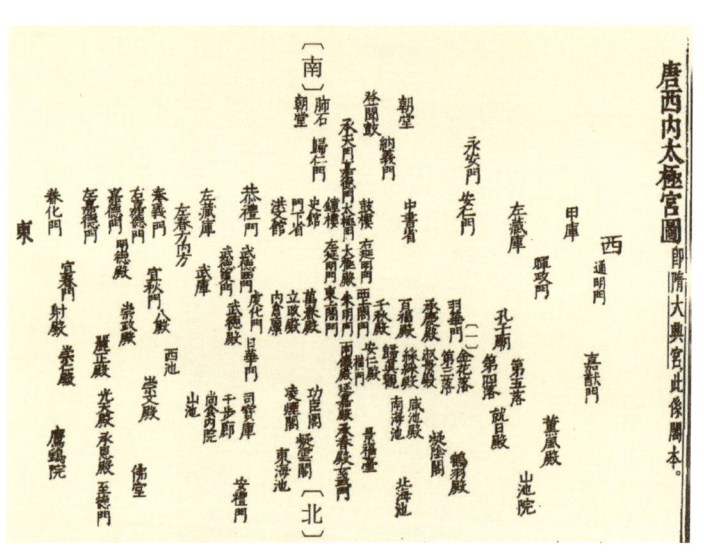

南宋程大昌《雍录》中的太极宫与玄武门

敦煌劫餘錄序

一時代之學術必有其新材料與新問題取用此材料以研求問題則為此時代學術之新潮流治學之士得預於此潮流者謂之預流（借用佛教初果之名）其未得預者謂之未入流此古今學術史之通義非彼閉門造車之徒所能同喻者也敦煌學者今日世界學術之新潮流也自發見以來二十餘年間東起日本西迄法英諸國學人各就其治學範圍先後咸有所貢獻吾國學者其撰述得列於世界敦煌學著作之林者僅三數人而已夫敦煌在吾國境內所出經典又以中文為多吾國敦煌學著作較之他國轉獨少者固因國人治學罕具通識然亦未始非以敦煌所出經典涵括至廣散佚至衆迄無詳備之目錄不易檢校其內容學者縱欲有所致力而憑藉末由也新會陳援

於聽覽庶政以理故著司門式云其有無門籍人有
急奏者皆令監門司與仗家引對不許關礙所以防
壅蔽也并置立仗馬二疋須有乘騎便往所以平治
天下正用此道也天寶已後李林甫威權日盛郡臣
不先諮宰相輒奏事者仍託以他故中傷之不敢明
約百官令先白宰相又闗官泰申心藝日宣詔至中書
玄宗動靜必告林甫先意奏請玄宗驚喜若神以此
權柄恩寵日甚道路皆以目上意不下宣下情不上達
所以漸致潼關之禍皆權臣誤主不遵太宗之法故
也陵夷至于今日天下之弊盡萃于聖躬豈陛下招

《四部丛刊初编》影印明锡山安氏馆刻本《颜鲁公文集》

作者简介

辛德勇

1959年生，北京大学历史系教授，北京大学古地理与古文献研究中心主任，中国史学会历史地理研究会会长。主要从事中国历史地理学、历史文献学研究（包括目录学、版本学和碑刻学等方面内容），旁涉中国古代政治史、地理学史、地图学史、水利史、出版印刷史、天文学史等学科领域。

主要著作有《隋唐两京丛考》《古代交通与地理文献研究》《历史的空间与空间的历史》《秦汉政区与边界地理研究》《旧史舆地文录》《旧史舆地文编》《读书与藏书之间》（初集、二集）《困学书城》《纵心所欲》《石室剩言》《祭獭食蹠》《中国印刷史研究》《书者生也》《那些书和那些人》《书外话》《史记新本校勘》《史记新发现》《翻书说故事》《学人书影》（初集、二集、三集）、《建元与改元》《发现燕然山铭》《制造汉武帝》《海昏侯刘贺》《海昏侯新论》《生死秦始皇》《辛德勇读书随笔集》《通鉴版本谈》《正史版本谈》《简明黄河史》《天历探原》等四十余种。

图书在版编目(CIP)数据

我的老师 / 辛德勇著. -- 上海：上海文化出版社，
2025.8. -- ISBN 978-7-5535-3253-0

Ⅰ. I267.1

中国国家版本馆CIP数据核字第20255PM840号

出 版 人：姜逸青
责任编辑：郑　梅　汤正宇
总 策 划：赵　辉
策　　划：赵心琦
装帧设计：徐　欣
统　　筹：坤叁文化传媒有限公司

书　　名：我的老师
作　　者：辛德勇
出　　版：上海世纪集团　上海文化出版社
地　　址：上海市闵行区号景路159弄A座3楼　201101
发　　行：上海文艺出版社发行中心
地　　址：上海市闵行区号景路159弄A座2楼　201101
印　　刷：上海南朝印刷有限公司
开　　本：787mm×1092mm　1/32
印　　张：5
版　　次：2025年8月第1版　2025年8月第1次印刷
书　　号：ISBN 978-7-5535-3253-0/I.1267
定　　价：55.00元

版权所有，侵权必究
本书如有印刷、装订等质量问题，请与承印公司联系，电话：021-54999155